Francisco do Espirito Santo Neto
ditado por Hammed

A IMENSIDÃO DOS SENTIDOS

Aprendendo a lidar com a sua Mediunidade

do autor espiritual de
"Renovando Atitudes", "As Dores da Alma"
e "Os Prazeres da Alma"

17ª edição

1ª edição: outubro de 2000

Dados Internacionais de Catalogação na Publicação (CIP)
(Câmara Brasileira do Livro, SP, Brasil)

Hammed (Espírito) .
   A imensidão dos sentidos / pelo espírito
Hammed ; [psicografado por] Francisco do Espírito
Santo Neto. -- Catanduva, SP : Boa Nova Editora,
2000.

ISBN 85-86470-09-0

   1. Espiritismo 2. Obras psicografadas I. Santo
Neto, Francisco do Espírito. II. Título.

00-3760   CDD-133.93

Índices para catálogo sistemático:
1. Mensagens psicografadas : Espiritismo 133.93

Impresso no Brasil/*Presita en Brazilo/Printed in Brazil*

A Imensidão
dos Sentidos
Aprendendo a lidar com a sua Mediunidade

Instituto Beneficente Boa Nova
Entidade coligada à Sociedade Espírita Boa Nova
Av. Porto Ferreira, 1.031 | Parque Iracema
Catanduva/SP | CEP 15809-020
www.boanova.net | boanova@boanova.net
(17) 3531-4444 | (17) 99257.5523

17ª edição
Do 97º ao 100º milheiro
3.000 exemplares
Setembro/2024

© 2000 - 2024 by Boa Nova Editora

Capa
Direção de arte
Francisco do Espírito Santo Neto
Designer
Cristina Fanhani Meira

Diagramação
Juliana Mollinari
Cristina Fanhani Meira

Revisão
Mariana Lachi
Paulo César de Camargo Lara

Coordenação Editorial
Ronaldo A. Sperdutti

Impressão
Lis Gráfica

Todos os direitos reservados.
Nenhuma parte desta obra pode ser
reproduzida ou transmitida por
qualquer forma e/ou quaisquer meios
(eletrônico ou mecânico, incluindo
fotocópia e gravação) ou arquivada em
qualquer sistema ou banco de dados sem
permissão escrita da Editora.

O produto da venda desta obra é destinado
à manutenção das atividades assistenciais
da Sociedade Espírita
Boa Nova, de Catanduva, SP.

1ª edição: outubro de 2000 - 10.000 exemplares

Sumário

AGRADECIMENTOS 11

INTRODUÇÃO 13

MEDIUNIDADE E RELIGIÃO
A autêntica religiosidade não quer restringir nossa liberdade, mas, sim, apresentá-la a nós. Ela nos inspira a naturalidade da vida, o espírito crítico, a perquirição filosófica, a racionalidade, levando-nos a entender a perfeita harmonia do Universo 17

SER BOM
Ser bom não é ter uma vida associada à autonegação ou autonegligência, nem mesmo ajustar-se obsessivamente às exigências e necessidades dos outros. Acima de tudo, o bondoso conhece e defende os próprios direitos, ou seja, sabe cuidar de si mesmo 23

AUTOPERCEPÇÃO
A autopercepção é o somatório de todas as impressões internas e externas ao mesmo tempo. Através dessa "sensação generalizada", a criatura entra em contato com si mesma, podendo traduzir com certeza se é sua ou não a emoção registrada e de onde ela se origina. 27

SINTONIA E HOMOGENEIDADE
A harmonia grupal depende de uma interação coletiva mais profunda, reconhecendo que nenhuma unidade ganhará à custa de outra, pois cada porção contribui para a totalidade, e a totalidade, por sua vez, nutrirá todas as porções 33

ARROGÂNCIA COMPETITIVA
A hostilização dos invejosos para com os outros perpetua a situação do desconhecimento de si mesmos, o que, por sua vez, os mantém num falso pedestal de "seres geniais" 39

COMPULSÃO OBSESSIVA
Se investigássemos a origem e a causa das obsessões – doenças da alma –, as encontraríamos em nossos pontos fracos e em determinados comportamentos autodestrutivos que, consciente ou inconscientemente, adotamos 43

CAPACIDADE IGNORADA
A verdadeira localização dos distúrbios mentais raramente se encontra no vaso fisiológico, mas quase sempre no corpo perispiritual, em virtude das deficiências mentais e/ou emocionais cultivadas a longo prazo pela criatura em desalinho..49

CRIATIVIDADE
De uma maneira simples e sintética e para melhor entendimento, poderíamos descrever o "reino da criatividade" como a capacidade de desestruturar uma concepção ou informação conhecida para reestruturá-la de uma maneira nova. Esse é o processo de toda criação ou invenção, na arte, na ciência, na mediunidade ou na vida diária..55

INSTRUMENTO DA VIDA
A faculdade extra-sensorial é um "instrumento da vida", uma condição natural do desenvolvimento dos seres humanos. Independentemente de as criaturas aceitarem ou não, ela faz parte da naturalidade da existência..61

CONSCIÊNCIA DE ORGULHO
Orgulho é uma forma pela qual interpretamos as pessoas e os fatos. É um "estado de consciência" em que a insensibilidade predomina. O orgulhoso utiliza unicamente o que supõe ou imagina, não o que sente. 65

O SIMBOLISMO DOS SONHOS
Em todos os processos de desenvolvimento da humanidade, os sonhos facilitam a ascensão e a integração do homem, possuindo um papel criativo na conexão entre todos os níveis de consciência. As imagens oníricas bem compreendidas contribuem, invariavelmente, para uma ampla percepção do universo invisível..71

HONESTIDADE EMOCIONAL

Muitos de nós tentamos nos convencer de que não devemos entrar em contato com nossos sentimentos; ficamos hábeis em seguir as regras do "não sinto nada" ou "não devo sentir isso". De todas as proibições que tivemos, essas talvez sejam as regras mais duradouras e persistentes em nosso mecanismo mental. 77

ILUSÃO E REALIDADE

O ser vê as coisas e o mundo tal como ele é. Quando se vive em equilíbrio interior, até mesmo nos fatos e ocorrências que aparentam enormes desajustes se pode encontrar uma harmonia oculta. 81

FALIBILIDADE

Aceitamos mudar quando notamos nossa falta de habilidade em tratar a nós mesmos e aos outros; quando admitimos ter uma tendência a subestimar ou superestimar tudo; quando percebemos o quanto nossa consciência é fechada; e quando reconhecemos nossa impotência e falibilidade diante da existência.. 87

VOCAÇÃO, NÃO OBRIGAÇÃO

Deus não dá encargos e incumbências às criaturas, mas coloca nelas vocações ou predisposições inatas. Os dons espirituais são capacidades inerentes da alma. Vocação é um talento a ser exercido de uma forma exclusivamente nossa. 93

ECOS DO MUNDO

As criaturas denominadas ecos do mundo são aquelas que estão na Terra à mercê de tudo o que as rodeia. Estão envolvidas, inconscientemente, por coisas, pessoas, situações e fatos, como folhas perdidas ao vento na imensidão de uma planície... 97

CLAREZA DE PENSAMENTO

Terão verdadeiramente clareza de pensamento aqueles que tratarem as "coisas simples" com a merecida importância, e as "coisas importantes" com a devida simplicidade... 103

ESTILO DE PERSONALIDADE

Quem possui um "estilo de personalidade" de servilismo e dependência não se permite "correr riscos". Seu sentimento é equivalente a: "sei que tenho muito medo de ser condenado, mas, para que vocês gostem de mim, não posso sair do lugar-comum"... 107

AUTO-OBSESSÃO

Aquele que se encontra em auto-obsessão experimenta um modo de viver complicado ou embaraçado. Tem dificuldade de analisar, discernir e sentir a vida tal como ela é, pois lhe falta uma "visão sistêmica" da existência humana. Ele carece da síntese das experiências vividas, pois seu pensamento analítico fica obstruído.. 113

PONTE PARA A SANIDADE

A faculdade medianímica não gera doenças. Ela não pode ser responsabilizada pelo estado patológico das criaturas; é, antes de tudo, uma excelente ferramenta para ajudá-las a despertar espiritualmente e a compreender a si mesmas, os outros seres e o Universo....................................... 117

DEFENDA-SE COM A AUTO-RESPONSABILIDADE

A existência vivida na consciência oferece mais segurança e controle do que a vivida na inconsciência. A pessoa que aceita total responsabilidade por tudo que acontece em sua vida cria um mundo melhor para si e para todos aqueles com quem interage. Em suma, a nossa melhor defesa contra os assédios espirituais é a auto-responsabilidade...................................... 123

A INTOLERÂNCIA COMO ANIMISMO

Se o estilo pessoal ou o modo de expressar do sensitivo for de caráter intolerante, sem respeito aos limites evolutivos dos outros, o indivíduo não entra em transe mediúnico com as Esferas Superiores, mas, sim, identifica-se com seu próprio mundo de ortodoxia ou inflexibilidade, e o exterioriza....... 131

AUSÊNCIA DE LIMITES

Limites são pré-requisitos para demarcar nossas fronteiras energéticas. Quando abrimos mão de tudo, impensadamente, não identificamos onde nós terminamos e onde o outro começa.. 137

PERSONALIDADE PERFECCIONISTA
O perfeccionismo nos coloca num estado tão grande de ansiedade e inquietação, que cometemos mais erros do que o normal, porque, em vez de aceitarmos a possibilidade do desacerto, ficamos amedrontados com a expectativa da perfeição. 143

ENTENDENDO AS CONTRADIÇÕES
Podemos concluir perante as opiniões discordantes: o homem inseguro as teme, o fanático as afronta, o educador as compreende e o ponderado as respeita. A verdade é relativa no atual estágio evolutivo da Terra.......... 147

FORMAS-PENSAMENTOS
A faculdade humana da imaginação traz a capacidade de criar imagens no plano astral. Essas "formas mentais" não são passivas; ao contrário, agem ativamente em torno de seu criador. 153

O REVERSO DA LIBERDADE
Muitos controlam, expondo fraqueza e dependência; lamentam e choram, afirmando ser indefesos e vítimas. Às vezes, a "máscara da fragilidade" é um recurso utilizado pelos mais poderosos "controladores". 159

AUTOCONSIDERAÇÃO
Se repetirmos constantemente para nós mesmos que somos indignos, tolos e desprezíveis, atrairemos ondas mentais similares a esses autoconceitos, porque chamaremos para nós sentimentos semelhantes de outras criaturas. Pudera, nós vibramos contra nós mesmos!.... 163

INTERPRETAÇÃO VISUAL
Apenas percebemos as informações que nos cativam ou atraem. Modela a mente o nosso interesse seletivo, e esta seletividade é tanto física, psíquica, mental quanto transcendental. 169

SUSCETIBILIDADE
No momento em que perdoamos, nos identificamos com nosso próximo; admitimos nossa falibilidade humana, reconhecendo nossas deficiências e nossa facilidade em errar.. 175

CRESCIMENTO, NÃO MARTÍRIO

A criatura que vive de modo intenso numa estrutura mental de "herói" irá gerar, consequentemente, uma estrutura oposta – o culto à dor e ao martírio. Essas estruturas se interagem. Ora a personalidade está numa crise de "heróica bravura", ora na crise de "sofredora impotente"....................179

SENSO CRÍTICO

Dizer simplesmente o que é correto ou incorreto revela muitas vezes apenas um conhecimento subjetivo, pessoal. A criatura, nessas condições, reproduz somente aquilo que leu na generalidade ou escutou de alguém. Neste caso, é denominada pessoa-clichê....................185

O SER TRANSLÚCIDO

O "ser translúcido" é aquele que adquiriu a qualidade de deixar passar a luz espiritual de forma nítida, sem permitir que obstáculos maiores prejudiquem a autenticidade das manifestações transcendentais. Ele reconhece perfeitamente os próprios sentimentos e emoções.....................191

MEDIUNIDADE E AUTOCONHECIMENTO

Se não sabemos de fato quem somos, combatemos e criticamos situações e personagens fictícias. Escolhemos acontecimentos e criaturas substitutas, ligadas ou não na matéria densa, para reprovar e julgar inadvertidamente.........197

O PAPEL DA IMAGEM

O sistema ilusório se perpetua enquanto se procura uma desesperada realização numa auto-imagem bem-sucedida; ele, porém, se desfaz quando, na busca do verdadeiro significado da vida, a realização é tranquilamente interiorizada.....................201

A IMPORTÂNCIA DAS INTENÇÕES

A Vida Providencial é sábia e justa e age em cada criatura de maneira dessemelhante, levando em conta sua individualidade. O agravamento das faltas ou dos erros é sempre proporcional ao conhecimento que se possui.......207

Índice dos assuntos de "O Livro dos Médiuns".....................211

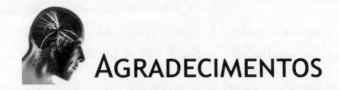

AGRADECIMENTOS

"Conhecemos a verdade não só pela razão mas também pelo coração; é desta última maneira que conhecemos os seus princípios, e é em vão que o raciocínio, que deles não participa, tenta combatê-los."
Pascal

Para a elaboração deste livro, não utilizamos apenas nossos estudos, observações ou pesquisas, ou seja, nosso "padrão de verdade", mas principalmente os postulados benditos da Doutrina Espírita, que, desde a primeira edição de "O Livro dos Espíritos", em 1857, vem libertando consciências e renovando inúmeras vidas. Somem-se a isso a sabedoria e o esforço intelectual de uma equipe de abnegados Benfeitores Espirituais, a qual nos causou profunda transformação em nossos conceitos acerca dos médiuns e da mediunidade.

A colaboração desse grupo de seareiros queridos, do qual fazemos parte na mesma comunidade astral, possibilitou-nos a compreensão de que, em todos os aspectos da vida e igualmente no trato com as faculdades medianímicas, quem não usa a razão é fanático; quem não sabe raciocinar é facilmente iludido; e quem não se permite utilizar a própria consciência e percepção é um escravo.

Portanto, somos eternamente gratos a todos esses companheiros de ideal espírita – agora e de outras eras – ligados a Port-Royal des Champs. De modo especial, somos profundamente reconhecidos a Blaise Pascal, Nicolas Pavillon, Jean Racine, Catherine de Vertus, Angélique e Agnès Arnauld, pelos ensinos valiosíssimos e conceitos fundamentais, que nos facilitaram um maior entendimento das faculdades psíquicas existentes em todas as criaturas.

Concluímos nosso agradecimento com outro prudente e sábio pensamento de Pascal: Dois excessos: excluir a razão – só admitir a razão.

Hammed

Introdução

A imensidão dos sentidos

Muitos de nós vivemos inconscientes da sutileza e alcance de nossos órgãos sensoriais, já que precisamos apenas de uma pequena quota de suas informações para registrarmos o mundo que nos rodeia.

Os cinco sentidos humanos são a base de todas as percepções físicas, mas, quando somamos a eles o "sexto sentido", não só experimentamos um maior grau de consciência existencial como também passamos a descortinar os mistérios da vida invisível.

Se cada um de nós concentrasse mais a atenção em seu mundo interior, utilizando as sensações como guia ou caminho, com certeza encontraria maior sentido para sua existência. "Deus não poderia dar-lhe (ao homem) um guia mais seguro que a sua própria consciência." [1]

Para desenvolver a mediunidade, é necessário, inicialmente, aprender a comunicar-se com os próprios sentimentos para, a partir daí, entrar em contato com os de outras pessoas (encarnadas ou não). O Criador guia suas criaturas utilizando a capacidade intelectual/sensorial delas de avaliar seu reino íntimo.

Analisar as faculdades mediúnicas apenas pelo aspecto intelectual é muito diferente do que vivenciá-las sensorialmente. Da mesma forma que não obtemos um real conhecimento da vida marítima, estudando-a através de um atlas geográfico, e sim mantendo estreita relação com os mares e oceanos.

Aqui apresentamos o resultado de nossas experiências e reflexões sobre o fenômeno medianímico. São os "produtos do entendimento", recolhidos na jornada de um caminhante.

Os textos em estudo, selecionados carinhosa e cuidadosamente, representam nossa contribuição modesta e despretensiosa para a divulgação da Codificação Kardequiana, de modo particular de "O Livro dos Médiuns", sendo importante ressaltar que é preciso manter os ensinos da mediunidade incólumes de qualquer tipo de banalização, crendice, distorção ou exotismo.

A superstição, germe de diversos equívocos de interpretação, surge quase sempre envolvendo as novas revelações. Sendo a Doutrina Espírita, nos tempos modernos, uma renovadora mensagem a descortinar o espesso véu que encobre o intercâmbio espiritual entre as duas esferas, pode atrair um grande fluxo de discípulos exaltados e excêntricos, pouco despertos para as verdadeiras intenções da Vida Maior e carentes de estudo, observação, investigação e bom senso. Na verdade, quando nos encontramos presos a antigos clichês mentais estruturados sobre convicções rígidas e fantasiosas, não conseguimos abandoná-las de imediato. A mudança nos convida a ser maleáveis, a desafiar rótulos e a não nos apegar a ideias definitivas sobre a natureza das coisas.

É possível que muitos, ao tomarem contato com nossas singelas anotações neste livro, percebam que estão percorrendo um caminho semelhante ao nosso. Dizemos semelhante porque entendemos que cada ser possui um jeito único de crescer, um lugar peculiar a ocupar neste mundo e um característico poder pessoal de mapear sua própria estrada evolutiva. Para esses, acreditamos que estas análises e reflexões contribuirão com alguma luz ou entendimento no processo de aprimoramento e expansão da consciência, pelo qual todos estamos passando na escola universal.

De tempos em tempos, o Mundo Maior espalha inspirações-sementes, que são pensamentos em germe. Desde que encontrem terra fértil, desabrocham em nós novas formas de ver e analisar as verdades eternas. Repentinamente, vemos com olhos renovados e compreendemos sem nada forçar.

Essa germinação pode ocorrer em nossa intimidade, recapturando o senso perdido de perceber a imensidão de nossos sentidos, que exalta o encanto e a riqueza da vida dentro e fora de nós.

O nosso propósito é colaborar com todos aqueles que, ao buscarem a "dimensão metafísica" da existência, deixam de lado as posturas rígidas e inflexíveis diante das faculdades psíquicas, encarando-as de modo natural e espontâneo e desatando-as das embalagens preconcebidas.

Gostaríamos, caro leitor, que examinasse cautelosamente os capítulos aqui reunidos como se fossem quadros ou esculturas expostos numa galeria de arte. Ou mesmo, que caminhasse como se estivesse num imenso corredor de espelhos, observando em cada um deles o reflexo de si mesmo, a fim de poder apreciar melhor os mais diferentes estados ou sensações da alma.

Diante de tantos presságios de medo, castigo, repressão, culpa, amargura e doença que são lançados sobre os conceitos da mediunidade, sufocando e atemorizando os dotados de percepção extra-sensorial, desejamos a todos eles nossos sinceros votos de muito serviço e entendimento com entusiasmo, pois acreditamos ser esta a melhor "receita" para os candidatos ao desenvolvimento do "sexto sentido".

Esta "receita", porém, não se refere a um trabalho de arrebatamento e exaltação sem controle, e sim a uma sensação de realização pessoal pelo desempenho de uma tarefa vocacional.

Para tornar claro e compreensível o significado da nossa recomendação, analisemos a origem da palavra entusiasmo. Ela deriva do grego "enthousiasmós" e quer dizer "sopro divino", ou também "estar repleto da divindade". Compõe-se do prefixo "en" (movimento para dentro) e do vocábulo "theo" (Deus, divindade). O termo é aplicado a indivíduos ou grupos que estão sob inspiração divinamente criativa.

Finalmente, esperamos que estas páginas possam satisfazer de alguma forma o anseio dos leitores, ajudando-os a harmonizar o caminho da conquista da felicidade através da compreensão das próprias experiências mediúnicas, e rogamos ao Divino Autor da Boa Nova que abençoe a todos e lhes dê sua paz, agora e sempre.

Hammed

---

[1] O Livro dos Espíritos - questão 876.

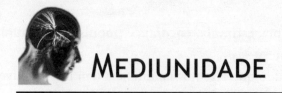

MEDIUNIDADE
E RELIGIÃO

"Toda pessoa que sente, em um grau qualquer, a influência dos Espíritos, por isso mesmo, é médium. Esta faculdade é inerente ao homem e, por consequência, não é privilégio exclusivo; também são poucos nos quais não se encontrem alguns rudimentos dela."

(2ª Parte - cap. XIV, item 159)*

A religiosidade é fruto do sentimento inato da existência de Deus, que o Espírito conserva ao encarnar. Justamente na infância, entre seus familiares e amigos, é que as crianças assimilam suas mais profundas convicções religiosas, somando-se a essas crenças as das outras existências corpóreas. Todos nós trazemos certo grau de maturidade espiritual; são significativos conhecimentos a respeito de nós mesmos e de nossa filiação divina, adquiridos no decorrer das vidas pretéritas.

O que principalmente chama a atenção de muitos de nós, na fase infantil, é o desejo ardente de adquirir conhecimentos – uma espécie de energia motora, sempre em movimentação, que

---

*A presente citação e todas as demais inseridas no início de cada capítulo foram extraídas de "O Livro dos Médiuns", de Allan Kardec - nota do autor espiritual.

nos anima, estimula, encoraja e impulsiona ao aprendizado constante.

Tudo que fazemos na infância tem um objetivo importante na formação de nossa personalidade psicossocial e espiritual; portanto, devemos valorizar os esforços e a sede de informações na idade dos "porquês". As crianças querem saber sobre as coisas mais profundas, como Deus, elas mesmas, a religião, até as mais triviais, como "por que está chovendo?" ou "por que a pedra é dura?".

Adultos que incutiram nas crianças conceitos de que Deus dá prêmios e castigos, que se zanga com suas travessuras e fica profundamente desgostoso quando não se conduzem bem, estão, na realidade, criando nelas sentimentos de culpa. Utilizam-se da onisciência, onipresença e onipotência de Deus para manipular, através do medo, o bom comportamento delas.

Não somente pais, professores e parentes lançam mão da culpa e do medo; também as próprias religiões do passado usavam esses sentimentos para garantir a submissão dos fiéis, intimidando-os com o fogo do inferno, caso não fossem "suficientemente bons".

Certas religiões criaram situações nas quais o homem não pode sentir-se à vontade. Estabeleceram dogmas, mitificaram personalidades, fizeram cultos irracionais a médiuns, escritores, oradores, chamando-os de "homens santos". Essas personagens passaram, a partir daí, a ocupar o lugar de nossa própria consciência e de nosso senso de moralidade. Segui-los transformou-se em exigência; caso contrário, começaríamos a nos sentir heréticos, culpados ou doentes espirituais.

O Espiritismo possui o antídoto contra essa crença milenar. Suprimiu o personalismo e ensinou-nos a ligação direta da criatura com Deus, dispensando intermediações e restituindo ao homem a visão de que o Criador deseja que sejamos co-criadores, não aduladores ou escravos.

A deturpação da ideia da Divindade e da constituição do homem se deve às exigências antinaturais de uma educação religiosa medieval, ministrada ainda às crianças do hoje – os adultos do amanhã.

Todos esses velhos e supersticiosos conceitos e essas crenças que distorcem a natureza humana nos têm aprisionado a uma antiga problemática existencial: a "hipocrisia", ou seja, o "vício de apresentar uma virtude ou um sentimento que não se tem". Os hipócritas foram condenados energicamente por Jesus Cristo, conforme noticia o Evangelho. Na atualidade, muitas religiões se transformaram em verdadeiras convenções de regras e etiquetas sociais.

"Então lhes disse: O sábado foi feito para o homem, e não o homem para o sábado." [1]

Certamente as convenções são úteis ao interesse coletivo, mas as religiões não devem utilizá-las com o objetivo de tiranizar condutas ou encarcerar consciências. A finalidade da religião é levar as pessoas ao verdadeiro significado transcendental da existência, desenvolvendo nelas o sentimento de religiosidade.

Essas arbitrárias regras "moralizadoras" têm feito prisões, destruído a alegria de viver de muitas criaturas, induzindo-as a fantasias e a alucinações a respeito do Criador e das criaturas.

A atitude idólatra pressupõe que certas pessoas são seres divinos, outras não. Algumas estão acima das contingências humanas, providas de uma perfeição inatingível, mensageiras do Alto, privilegiadas e infalíveis, enquanto que outras são subestimadas, incapazes e, aparentemente, desprovidas de valores inatos. Ao convertermos as criaturas em mito, supervalorizamos os outros e, em virtude disso, desvalorizamos nosso poder interior. Declaramo-nos impotentes para evoluir, ficando dependentes da boa vontade dos supostos eleitos.

Por isso, o Espiritismo afirma que todas as criaturas são expressões divinas, vestindo temporariamente um corpo carnal. Que "esta faculdade (mediunidade) é inerente ao homem e, por consequência, não é privilégio" de ninguém.

E ainda nos orienta, de forma lúcida, em "O Livro dos Médiuns" sobre essa aptidão comum a todos: "(...) O que se deve fazer, quando uma faculdade dessa espécie se desenvolve espontaneamente numa pessoa, é deixar que os fenômenos sigam seu curso natural: a Natureza é mais prudente do que os homens. A Providência, aliás, tem seus planos e a mais humilde criatura pode servir de instrumento aos seus mais amplos desígnios (...)". [2]

Jesus Cristo é idolatrado, sendo considerado Deus pelas religiões dogmáticas. Ao equipararem o Mestre com a Divindade, colocaram-No fora de nosso horizonte existencial, tornando impossível seguir-Lhe os ensinos e as atitudes iluminadas. Essas religiões acreditavam que a mediunidade era privilégio de santos, um título concedido pela generosidade celestial ou favoritismo da Criação Universal.

Apoiadas no velho modelo antropocêntrico – filosofia que coloca o homem como centro do Universo –, elas nos alimentaram continuamente com a equivocada ideia de separação entre as pessoas e entre estas e a Natureza.

Essa visão dualista não é somente destrutiva, mas também elitista, transformando nosso relacionamento num "jogo de poder" ou "luta de domínio", responsável que é por todo tipo de sectarismo, hegemonia, racismo, conflitos de castas e de sexo e outras tantas formas de isolamento, alienação e preconceito.

Cristo tinha uma sensibilidade unificada, quer dizer, possuía uma visão cósmica de que todos estamos intrinsecamente ligados na teia dinâmica da Vida Providencial, quando afirmou: "Nesse dia compreendereis que estou em meu Pai e vós em mim e eu em vós". [3]

Jesus sabia que, em germe, todos somos frutos iguais da Paternidade Divina, razão pela qual assegurou que poderíamos fazer as obras que Ele fez, e até maiores do que elas. [4]

A autêntica religiosidade não quer restringir nossa liberdade, mas, sim, apresentá-la a nós. Ela nos inspira a naturalidade da vida, o espírito crítico, a perquirição filosófica, a racionalidade, levando-nos a entender a perfeita harmonia do Universo. Igualmente nos incentiva a viver a religião natural, em cuja ambiência não se realiza nenhum culto exterior ou místico, nem existem privilégios ou concessões celestiais.

A mediunidade é dom inato, um dos sentidos inerentes ao homem. Recurso que o Pai nos concede para que possamos participar dos poderes sagrados da Divina Criação.

---

[1] Marcos, 2:27.
[2] *O Livro dos Médiuns* - 2ª Parte - cap. XIV, item 162.
[3] João, 14:20.
[4] João, 14:12.

SER BOM

"É preciso convir, também, que o orgulho, frequentemente, é estimulado no médium por aqueles que o cercam. Se tem faculdades um pouco transcendentais, é procurado e louvado; crê-se indispensável, e logo toma ares de suficiência e de desdém quando presta seu concurso."
(2ª Parte - cap. XX, item 228)

Ser bom é olhar as coisas e as pessoas com os "olhos do amor". A criatura que aprendeu a ver tudo com bons olhos consegue perceber que todas as ocorrências da vida estão caminhando para uma renovação enriquecedora. No Universo nada acontece que não tenha uma finalidade útil e providencial.

As grandes dificuldades não significam castigos ou punições, mas caminhos preparatórios para se alcançar dentro em breve um bem maior.

O bondoso é sustentado por sua autoconfiança e estimulado por um impulso forte e desinibido a fim de concretizar ou construir ações altruístas. Possui uma aura de vitalidade que reúne uma preciosa e rara combinação de ternura e destemor.

A criatura bondosa domina a arte da sinceridade, pois, acima de tudo, é fiel consigo mesma. Por ter desenvolvido uma natureza benevolente, tem aspecto jovial e sociável, demonstra carinho pelas crianças, aprecia a fauna e a flora, enfim gosta das coisas da Natureza. Em sua relação com os outros, é uma boa ouvinte, sempre disposta quando pode ser útil, solidária e cordial.

Há uma diferença entre bondade e desatenção às necessidades pessoais. Ser bom não é ter uma vida associada à autonegação ou autonegligência, nem mesmo ajustar-se obsessivamente às exigências e necessidades dos outros. Acima de tudo, o bondoso conhece e defende os próprios direitos, ou seja, sabe cuidar de si mesmo.

Entretanto, cuidar de si não quer dizer eu antes de tudo, mas com certeza significa eu também. A expressão "cuidar de si" não deriva do egoísmo ou do orgulho, mas traduz o dever de amar a criatura que temos responsabilidade de amparar – nós mesmos.

"É preciso convir, também, que o orgulho, frequentemente, é estimulado no médium por aqueles que o cercam."

Uma das características marcantes de nossa sociedade é fazer constantes solicitações e exigências às outras pessoas. Um indivíduo que aprendeu a ver com os bons "olhos do amor" tem a habilidade de não se deixar "estimular orgulhosamente" pelas pessoas que o rodeiam, porque aprendeu a amar ou a desempenhar sua tarefa na Terra sem expectativas alheias.

A incapacidade de dizer "não posso", "não concordo", "não sei", "não quero" acarreta ao ser humano a perda de controle da própria vida. Isso, no entanto, não significa que deva dizer "não" a tudo, mas ter o direito de responder com franqueza quando lhe perguntam se gosta ou não de alguma coisa; em outras palavras, deixar o outro saber como ele sente e pensa.

Declarar de forma positiva e direta seus valores e propósitos é preservar sua dignidade e auto-respeito. Se uma pessoa não for capaz de pronunciar essa simples palavra "não" quando bem quiser, permitirá que outras pessoas a explorem sem parar, afastando-a daquilo que realmente pode e quer fazer.

"Aqueles que nos cercam" podem nos levar a elogios desmedidos. Não se pode confiar nos aplausos. Eles podem ser retirados a qualquer momento, não importa qual tenha sido nosso desempenho passado. A inconstância é um vício peculiar da massa comum.

Quando a criatura "crê-se indispensável, e logo toma ares de suficiência e de desdém quando presta seu concurso", devia conscientizar-se de que, com essa atitude, não está ajudando os outros. O orgulhoso se precipita em satisfazer vontades caprichosas; o bondoso estimula a aprendizagem, porque sabe que é pelo caminho dos erros e acertos que vem o conhecimento e, por consequência, o crescimento espiritual.

Aprender a ser uma pessoa saudavelmente generosa pode estar ligado a uma longa aventura na área da perseverança. Ser bom não quer dizer que devemos interferir ou ficar presos nos problemas dos outros. Muitos de nós ficamos envolvidos numa generosidade compulsiva – atos de bondade motivados por sentimentos de culpa, obrigação, pena e de suposta superioridade moral.

Disse o Divino Amigo diante da população sofredora: "Tenho compaixão da multidão".[1] Para adquirir a dádiva do conhecimento das virtudes, é preciso elevar o entendimento e engrandecer o raciocínio com Jesus Cristo.

Compaixão é um ato de elevada compreensão, em que reina a fidelidade consigo mesmo, o auto-respeito, o perdão e a bondade. Ser bom, em sua exata definição, é fazer escolhas ou tomar atitudes com compaixão, lançando mão da própria dignidade e, ao mesmo tempo, promovendo a dignidade alheia.

[1] Marcos, 8:2

AUTOPERCEPÇÃO

"O Espírito que se comunica por um médium transmite diretamente seu pensamento, ou esse pensamento tem por intermediário o Espírito encarnado no médium?

É o Espírito do médium que o interpreta, porque está ligado ao corpo que serve para falar, e é preciso um laço entre vós e os Espíritos estranhos que se comunicam, como é necessário um fio elétrico para transmitir uma notícia ao longe, e no fim do fio uma pessoa inteligente a recebe e a transmite."

(2ª Parte - cap. XIX, item 223-6º)

Para cooperarmos convenientemente na mediunidade, a serviço do Bem Maior, devemos, acima de tudo, ser auxiliares do Plano Astral.

Os médiuns não precisam tomar uma postura de absoluta imobilidade, esperando a manifestação das personalidades desencarnadas, como se fossem um boneco suspenso por fios presos nas mãos de um especialista na arte dramática. Eles, de fato, participam efetivamente, pois são intermediários, visto que recebem, processam, interpretam e transmitem pensamentos, ideias, sensações auditivas ou visuais.

Nas tarefas medianímicas, os sensitivos devem ter como base imprescindível a intuição e a inspiração, provindas do reino da alma. Porém, não podem desconsiderar as sensações do próprio veículo físico, para que haja um desenvolvimento integral e harmonioso da mediunidade.

Quando há equilíbrio entre o nosso "eu espiritual" e o nosso "eu corporal", somos capazes de nos identificar com os Espíritos comunicantes e, a partir daí, começamos a criar uma maior percepção do fenômeno mediúnico.

A Vida é energia organizadora, e o corpo denso é uma de suas inúmeras expressões. É tão importante termos uma clara consciência da fonte divina de onde provêm as nossas sensações transcendentais, como também sermos sensíveis às nossas sensações corporais, por mais simples e corriqueiras que possam parecer. Em nós tudo é sagrado, desde a ação mais comum de comer ou caminhar até o ato mais elevado de amor ao Criador.

A autopercepção é o somatório de todas as impressões internas e externas ao mesmo tempo. Através dessa "sensação generalizada", a criatura entra em contato com si mesma, podendo traduzir com certeza se é sua ou não a emoção registrada e de onde ela se origina. Esse exercício constante nos leva a uma "conscientização extra-sensorial" e, consequentemente, a diferenciar ou desvendar as diversas energias que circulam em nossa volta. Quando não sabemos distinguir nossas impressões ou emoções, ficamos à mercê das mais diversas ondas magnéticas, como se estivéssemos oprimidos por um mundo desordenado.

A forma física é a condensação do corpo perispiritual. O sistema nervoso é a conexão do corpo astral à matéria e tem como função sensibilizá-la. Portanto, os "nervos" são elos sutis entre esses dois corpos.

Neste corpo espiritual é que ocorrem as mais tênues sensações da alma humana. Sensibilidade é o nome que se dá à capacidade de perceber as conexões entre o mundo interior e o exterior.

A mente é a base no processo das comunicações espirituais, mas não podemos nos esquecer de que, além de registrar sentimentos, ideias e pensamentos da Espiritualidade, ela igualmente se manifesta através de uma linguagem corporal.

Querendo ou não, toda criatura é uma unidade enigmática. Corpo e alma são coesas e intimamente interligadas. Nada acontece em uma dessas partes sem que a outra não seja afetada.

Nos indivíduos plenamente desenvolvidos, não existe conflito entre corpo e alma, pois descobriram que seu instrumento físico é uma extensão de seu Espírito. Coração e razão decidem e agem lúcidos e unidos amorosamente.

A linguagem corporal é lida por meio das sensações que emergem de nossa intimidade e se expressam diretamente no corpo somático. Essas sensações nos transmitem informações importantes sobre nós mesmos, fazendo-nos usar expressões verbais peculiares. Vejamos alguns exemplos:

Quando a criatura se desenvolve e amadurece, dizemos que "ela caminha sobre as próprias pernas"; a intransigente chamamos de "cabeça dura"; a insensível de "coração de pedra"; a mesquinha de "mão fechada"; a fingida de "olhos apertados" e a inflexível de "perna de pau". A frase "de todo o coração" quer dizer compromisso profundo e "ir ao fundo do coração" é o mesmo que atingir o âmago de uma questão. Também é comum usarmos as expressões "manteve a cabeça erguida", quando uma pessoa se auto-responsabilizou por seus atos e atitudes, e "ficou aos pedaços", quando perdeu alguém que muito amava.

As emoções causam reações físicas, ou seja, movimentos ou impulsos internos que, por sua vez, produzem um efeito externo.

Nossas crenças inadequadas podem ter-nos levado a colocar uma forte linha divisória entre corpo e alma. Acreditávamos que o corpo nada tinha a ver com a alma. Na atualidade, sabemos que, para alcançarmos a plenitude das forças espirituais, é necessário ampla percepção de nossa unicidade – a natureza humana e a transcendental.

À medida que a criatura se desenvolve e cresce rumo ao amadurecimento, vai dispondo de uma sensibilidade cada vez mais aguçada ao meio em que transita. Seleciona ideias, pensamentos, oscilações psíquicas, como o garimpeiro que separa do cascalho a gema preciosa ou o metal raro.

"É o Espírito do médium que o interpreta, porque está ligado ao corpo (...)", assim esclarecem os Espíritos Superiores a Kardec ao se referirem ao mecanismo das comunicações espirituais.

O médium é um ser integral, ele não é somente a alma. O corpo faz parte do seu eu total, quer dizer, acima de tudo é uma individualidade, e não um ser dividido.

A nossa percepção pode vir acompanhada por um conjunto de impressões com qualidades diferentes, como: as sentimentais (amor, alegria, tristeza, angústia), as emocionais (raiva, libido, medo, surpresa), as cinestésicas (tato, olfato, gustação).

Para conseguirmos uma comunicação plena com a própria intimidade e com os outros, seja nas relações sociais, profissionais, afetivas ou mediúnicas, é necessário que o corpo e a alma estejam em perfeita sintonia. Quanto mais auto-observação fizermos, mais poderemos avaliar as energias das coisas e das pessoas dentro e fora de nós.

Muita gente guarda velhas crenças que valorizam mais o

intelecto e desprezam, quase que totalmente, as sensações. Só através de uma observação lúcida é que poderemos recolher maiores registros do mundo invisível, a fim de colaborarmos com eficiência nas oficinas da Espiritualidade Maior.

O instrumento físico é a parte mais densa da alma; em realidade, é o indispensável assistente nos transes transcendentais. Ele pode ser comparado a "(...) um fio elétrico para transmitir uma notícia ao longe (...)". A autopercepção é uma atividade dos nossos sentidos. Portanto, lembremo-nos: se não exercitarmos uma constante comunicação com nós mesmos, simplesmente não poderemos nos comunicar, de forma apropriada, com os outros indivíduos, encarnados ou desencarnados.

SINTONIA E HOMOGENEIDADE

"Uma reunião é um ser coletivo, cujas qualidades e propriedades são as resultantes de todas as dos seus membros, e formam como um feixe; ora, esse feixe terá tanto mais força quanto for mais homogêneo."

(2ª Parte - cap. XXIX, item 331.)

Normalmente, não fincamos nossas raízes – mentais, emocionais e espirituais – o suficiente na realidade espiritual da vida. Dessa forma, em épocas de estiagem na superfície, não temos uma fonte de suprimento que nos alimente e fortaleça, vitalizando nossa intimidade.

Todos os grandes pensadores da humanidade sempre nos incentivaram a que aprofundemos nossas raízes intelectuais e emocionais nas bases veneráveis da existência humana. Paulo de Tarso, o grande divulgador do Cristianismo entre os gentios, reporta-se, em sua pregação aos atenienses, à unicidade do Criador e suas criaturas: "Nele vivemos, nos movemos e existimos (...)" [1]

O Universo é a projeção da Mente Divina, e nós, como criação, vivemos interdependentes no Idealismo Superior.

Somente quando tomamos consciência da necessidade de fazer uma perfeita conexão com nossa profundidade sagrada é que passamos a ter uma ampla visão de unidade com a Vida Cósmica. É preciso ancorarmos nossos alicerces na Base Divina que há em todos nós.

Se os membros de grupo mediúnico estiverem apenas obedecendo a regras e padrões prescritos para o dia da reunião – desde quando acordam até o horário preestabelecido para o seu início – , podem estar apenas a serviço de fórmulas superficiais e bem estreitas. Quando reconhecemos nossa junção com tudo o que existe, ampliamos nosso conceito de sintonia.

Não é possível obter sintonia vibratória unicamente com comportamentos estereotipados e posturas programadas antes, durante e ao término de uma tarefa espiritual, mas, sim, quando conseguimos nos "contextualizar no Universo". Sintonizar-se quer dizer perceber a razão incomensurável e coesa da existência humana, que preenche o vazio que acreditamos existir entre os seres humanos.

Desatar os elos da ilusão nem sempre é uma tarefa fácil. Quanto mais superficial for a visão de unidade entre todas as coisas, mais a pessoa ficará dominada por uma "realidade fragmentada". No entanto, quanto mais ela for desenvolvida espiritualmente, mais verá a profundidade e significado das criações e das criaturas.

À proporção que a humanidade evolui, a alma humana se alarga, amplia seus conceitos, supera barreiras e desobstrui fronteiras. Quando o indivíduo se universaliza, ele se descobre na multiplicidade das relações por todo o mundo. Sua mente, antes horizontalizada, verticaliza-se; alicerça-se em uma estrutura de planos e superplanos do entendimento superior. Seu coração, como um botão de flor, desabrocha-se, lançando as pétalas do amor amplo, dinâmico e sem fronteiras sociais, de raça ou de crença.

"(...) ora, esse feixe terá tanto mais força quanto for mais homogêneo". Para que uma reunião seja homogênea, seus participantes precisam acreditar realmente que as habilidades de cooperação e as alegrias do serviço em conjunto são um investimento poderoso e sábio para o crescimento evolutivo. Necessitam ter uma compreensão de que a harmonia grupal depende de uma interação coletiva mais profunda, reconhecendo que nenhuma unidade ganhará à custa de outra, pois cada porção contribui para a totalidade, e a totalidade, por sua vez, nutrirá todas as porções.

Nos atendimentos de orientação mediúnica, é comum observarmos que, em muitas ocasiões, quando um Espírito é atraído para ser esclarecido, traz consigo, inconscientemente, muitos outros, todos unidos pela mesma situação ou problemática existencial. Por possuírem semelhantes pontos fracos ou lições a aprender, basta atender a um para que todos os outros sejam também beneficiados.

A Natureza não funciona em caráter de isolamento ou de redoma de vidro. Para a Vida Providencial somos um todo funcionando dinamicamente – movimento e atividade energética intensa.

O alvo definitivo de um grupo mediúnico é a unidade: a integração íntima entre sentimentos, crença e pensamentos. O isolamento e a falta de comunhão mental são o oposto do que a Espiritualidade Maior aspira realizar.

Não podemos compreender a importância de uma reunião mediúnica sem possuir senso de responsabilidade individual e coletiva.

Vale transcrever um pequeno trecho do discurso do chefe indígena Seattle em 1852, quando seu povo foi obrigado a ceder suas terras aos colonizadores norte-americanos. Ele disse: "A terra não pertence ao homem; o homem pertence à terra. Isso nós sabemos. Todas as coisas estão interligadas, como o sangue que une uma família. O que quer que aconteça à terra acontece aos filhos da terra. O homem não teceu a trama da vida, ele é simplesmente um fio nela. O que quer que ele faça à trama faz a si mesmo". A grandeza de alma é uma condição espiritual desvinculada da religião que se professa.

Todos temos uma dimensão transcendental em nossas vidas, não importa qual seja nossa orientação religiosa. Os totemistas, budistas, católicos, hindus, muçulmanos, protestantes, espíritas, igualmente os ateus e agnósticos, todos compartilham de uma essência espiritual em sua experiência íntima, independentemente de reconhecê-la ou não.

O participante de uma reunião mediúnica não pode nutrir um espírito sectarista, pois é a negação dos preceitos cristãos e, consequentemente, a incompreensão dos princípios espíritas, que revivem na atualidade os ensinos do Cristo e da era apostólica. Para o intolerante, só os de sua religião estão com a verdade e, portanto, merecem exclusiva atenção divina.

No Espiritismo, impera uma visão universalista e progressista, porque ele jamais se proclamou o detentor exclusivo da verdade. "As descobertas da ciência glorificam Deus, em lugar de o rebaixar; elas não destroem senão o que os homens edificaram sobre ideias falsas que eles fizeram de Deus". [2]

A essência da espiritualidade é a conexão que se faz com as divinas potencialidades que existem em nossas profundezas. Cada um de nós é uma "sintetização individualizada" das forças criativas do Cosmos, quer acreditemos ou não.

É compreensível nossa dúvida ou indignação diante dos processos da Natureza que ainda ignoramos. Por exemplo: se fosse possível contarmos a uma semente de laranja que nela existe a própria laranjeira, talvez ela duvidasse ou não aceitasse.

Quanto mais ampliarmos a consciência do que somos, maior será a nossa espiritualização. A percepção da realidade de uma criatura tem a dimensão exata da sua própria consciência; nem mais, nem menos.

Nem sempre temos a exata noção da "sinfonia da vida", da qual participamos. Ela é muito maior do que podemos imaginar, e precisamos contribuir com nosso acorde para que a melodia se complete.

A sintonia e homogeneidade dos membros de um grupo de trabalho cristão acontece, efetivamente, só quando eles percebem a interconexão da própria individualidade com tudo no Universo.

---

[1] Atos, 17:28.
[2] "A Gênese" - Cap. I, item 55.

ARROGÂNCIA COMPETITIVA

*"Médiuns invejosos: os que veem com despeito
os outros médiuns, melhor apreciados
e que lhes são superiores."*

(2ª Parte - cap. XVI, item 196)

Aquilo que sentimos diante de qualquer situação ou pessoa reflete totalmente sobre nossa história de vida, quer dizer, de nossas experiências passadas (desta ou de outras vidas), de nossa busca presente e de nosso potencial futuro. Compreender nossos sentimentos é entender as raízes de nossas reações perante o mundo que nos rodeia.

Nossos sentimentos podem nos mostrar muito sobre nós mesmos. Não podemos nos intimidar diante deles, mas simplesmente deixá-los fluir. Qualquer julgamento precipitado ou preconcebido a respeito deles distorcerá o que eles querem nos dizer ou mostrar.

Nossas emoções, por si sós, não podem ser consideradas meios de confirmação ou de demonstração para dizer quem somos, ou mesmo, para provar nosso real valor. Não é porque temos eventuais crises de inveja que devemos ser considerados indivíduos "maus"; da mesma forma, quando cultivamos sentimentos esporádicos de generosidade, também não podemos ser chamados de "pessoas bondosas".

Sentir alguma coisa não quer dizer que vamos manifestá-la ou colocá-la em prática; significa que, quando nós nos permitirmos "sentir", conseguiremos gradativamente compreender a nós mesmos e, assim, iniciar a nossa transformação íntima.

Conhecer os verdadeiros motivos de tudo aquilo que impulsiona as nossas ações nos permitirá dirigir nossos sentimentos, fazendo o que nos parece ser direito e tomando decisões importantes para nosso crescimento interior. Em realidade, a causa de tudo está dentro e não fora de nós.

As pessoas que não percebem claramente os sentimentos que antecedem suas atitudes com certeza estão presas em recantos escuros de sua casa mental, onde forças imperceptíveis e envolventes – fora de seu comando – deturpam sua percepção das situações e das pessoas.

Os indivíduos, ao invés de rejeitar seus sentidos, deveriam usá-los como guias para interpretar sua vida interior. Eles definem e iluminam nossa compreensão em contato com a esfera física e a astral. São nossos aliados, e não inimigos.

Os sensitivos que não se comunicam com os próprios sentimentos costumam não se comunicar também, de maneira adequada, com os dos outros.

"Médiuns invejosos: os que veem com despeito os outros médiuns, melhor apreciados e que lhes são superiores". O sentimento de inveja é uma forma (quase sempre inconsciente) que a inferioridade encontra de homenagear os que possuem merecimento.

A inveja da originalidade acarreta uma imitação incessante – assim como o desejo de copiar a espontaneidade dos indivíduos criativos. Seria interessante perguntarmos a nós mesmos o porquê desse comportamento invejoso. Onde está tudo isso em nós? Poderemos encontrar na própria intimidade a verdadeira razão da "atitude de rivalidade ou despeito", que, em muitas ocasiões, é vista como uma antipatia gratuita.

Poderíamos dizer que o invejoso procura apaziguar seu inimigo interno, difamando ou maldizendo os outros. É como se ele pensasse de si para consigo: "preciso tomar uma postura acusadora para não ter problema de auto-acusação".

A hostilização dos invejosos para com os outros perpetua a situação do desconhecimento de si mesmos, o que, por sua vez, os mantém num falso pedestal de "seres geniais".

Embora certos médiuns estejam fervilhando na baixa auto-estima e na frustração, ainda continuam se posicionando num "sentimento de superioridade", para conquistar o mundo exterior. Eles se consideram "pessoas muito especiais" e se utilizam de conversas interessantes e de uma enorme capacidade imaginativa para desvendar vidas passadas, reencontros e desencontros reencarnatórios, missões sublimadas e outras tantas revelações. Dessa maneira, enquanto insuflam o "ego" dos incautos, passam a subestimar, de forma engenhosa, a tarefa mediúnica de outros médiuns, sem que ninguém perceba a "arrogância competitiva" que eles nutrem em seu mundo íntimo.

De modo geral, no exercício da mediunidade, os indivíduos registram e transmitem mensagens de entidades infelizes que se ligam em seus pontos fracos, razão pela qual os médiuns ativos estão constantemente fazendo um trabalho de autodesobsessão. Por outro lado, os sensitivos que entram em contato consigo mesmos – ouvindo seus sentimentos e prestando atenção em suas emoções – transmitem orientações esclarecedoras, faladas ou escritas, porque estão sabiamente iluminados em suas experiências de autoconhecimento pelas esferas superiores da Vida Excelsa.

Médiuns que não sabem de onde derivam seus pensamentos, atos e atitudes, não possuem uma real consciência do processo mediúnico e das forças espirituais que os envolvem.

Nem sempre quem possui um vasto conhecimento doutrinário e uma excelente memória tem noção exata do significado profundo de seus sentimentos, atos e atitudes. Às vezes, as pessoas utilizam simplesmente seu intelecto e racionalizam as mais óbvias percepções que emergem de seu mundo íntimo, afastando, desta forma, a compreensão real delas mesmas e do que os Espíritos (encarnados ou não) sentem e querem dizer.

A ignorância de nós mesmos nos leva a uma multiplicidade de comportamentos e, por consequência, a um emaranhado de "eus" desconexos. Quando não sabemos o que somos e como somos, desconhecemos nossos traços de caráter – lealdade, coragem, talento e habilidade para criar e amar. E, em virtude disso, envolve-nos uma "sensação de insignificância", que provoca a frustração, cria a inveja e leva à hostilidade.

Nossos "sentimentos inadequados" têm muito a nos ensinar. A conduta invejosa pode nos ser muito útil ou benéfica, se soubermos transformá-la em uma atitude oposta – a admiração. Ela nos oferece oportunidade marcante para o crescimento interior e uma vida madura. Recordemos que os equívocos do passado podem se transformar nas virtudes do presente e, se estamos falhando hoje, amanhã, provavelmente, acertaremos.

COMPULSÃO
OBSESSIVA

> *"A subjugação corporal vai às vezes mais longe; pode impelir aos atos mais ridículos. Conhecemos um homem que (...) sentia nas costas e nas pernas uma pressão enérgica que o forçava, malgrado a vontade que a isso opunha, a se ajoelhar e a beijar a terra nos lugares públicos e na presença da multidão. Esse homem passava por louco entre seus conhecidos; mas estamos convencidos de que não o estava de todo, porque tinha plena consciência do ridículo do que fazia (...)."*
> **(2ª Parte - cap. XXIII, item 240.)**

"Ao entardecer, trouxeram-lhe muitos endemoniados e Ele, com uma palavra, expulsou os espíritos e curou todos os que estavam enfermos..." [1]

Muitos indivíduos desvalidos dos conhecimentos superiores e transcendentais das Leis da Vida afirmam que o Espiritismo é que gera loucuras e perturbações espirituais. No entanto, ao lermos o Novo Testamento, deparamos com inúmeros casos de assistência e amparo aos problemas obsessivos e, igualmente, no Espiritismo encontramos o mesmo devotamento altruísta na cura dos atormentados, porque os princípios codificados por Allan Kardec fazem reviver o Cristianismo primitivo.

Quando a compulsão é avassaladora, as criaturas criam hábitos ridículos, revelam distorção de comportamento e têm atitudes irracionais, como: "(...) se ajoelhar e a beijar a terra nos lugares públicos e na presença da multidão".

Encontramos, no texto em estudo, um caso grave de subjugação corporal, que gerou um transtorno obsessivo-compulsivo.

Na atualidade, as ciências psiquiátricas definem distúrbio obsessivo-compulsivo – DOC – como um desejo imperioso que cria pensamentos absurdos e embaraçosos, os quais se repetem na mente num ciclo insistente e obstinado.

Trata-se de doença aflitiva, associada à ansiedade e a uma ideia invasora e persistente, que constrange o indivíduo a manifestar impulsos estranhos ou rituais inexplicáveis que vão desde uma leve interferência até uma incapacitação extrema.

Os estudiosos da saúde mental dizem que esse distúrbio de personalidade difere das crendices ou superstições do cotidiano, como: não passar por baixo de escadas, evitar cruzar com gatos pretos, fechar guarda-chuvas dentro de casa ou bater na madeira para isolar o mal. Afirmam que essa obsessão e/ou compulsão é muito mais frequente do que pensamos, afetando de certa forma desde as pessoas mais talentosas e sensíveis até aquelas de vida comum. Asseguram ainda que a maioria dos que sofrem de DOC dissimulam seus rituais, escondem suas angústias e evitam falar sobre seu estranho comportamento.

O subjugado é impelido a realizar atos ritualísticos originários de pensamentos dominadores e sem sentido e passam horas e horas gastando seu tempo precioso com trejeitos – gestos, tiques e movimentos – intensos, absurdos e repulsivos, e vivendo experiências dramáticas e impressionantes. Quase todos afirmam a mesma coisa: "por mais que me esforce, não consigo evitá-los".

Entre os compulsivos mais frequentes, podemos mencionar: os "verificadores" – examinam portas, luzes, gás, fechaduras, quatro, dez, vinte ou mais vezes. Outros possuem uma obsessão de exatidão, em que gastam muito tempo produzindo "simetrias" incessantes e desnecessárias. Muitos são dominados pelo medo de contaminação e pela preocupação desmedida com "germes" ou "doenças", que os levam a viver fanaticamente. Lavam as mãos ou banham-se incontáveis vezes, demonstrando nojo superlativo das secreções corporais e apreensão extremada pela sujeira. Desgastam-se em rituais para comer, dificultando os mais simples atos de higiene e bem-estar.

"Fazer com perfeição" é a palavra-chave para alguns compulsivos. Colocam os sapatos no chão com proporcionalidade impecável ou fazem o laço deixando as duas pontas do cordão exatamente iguais. Suas atitudes e gestos ultrapassam os limites do bom senso. Vivem uma necessidade obcecada de evitar os espaços entre duas pedras ou as brechas de uma calçada. Acreditam alguns: "se pisar na fenda, minha mãe morre". Sustentam ainda uma alucinada necessidade de entrar e sair pela mesma porta ou subir e descer escadas várias vezes. Diversos raciocinam assim: "tenho que atravessar os batentes desta porta de maneira certa e especial, senão algo maléfico vai acontecer".

Em suma, são inúmeras as obsessões e/ou compulsões que figuram entre as mais constantes: necessidade de tocar coisas ou pessoas mais de uma vez; de engolir a saliva de quando em quando; de arrumar e desarrumar malas e gavetas impecavelmente; medo imaginário de ferir-se, "tiques" fora de propósito e incontroláveis, entre outros tantos.

Os indivíduos com personalidade compulsiva tendem a ser exageradamente moralistas ou extremistas e a não perdoar a si mesmos nem aos outros.

A seguir, registraremos os possíveis pontos vulneráveis

que desencadeiam o DOC e alguns comportamentos internos que as entidades negativas exploram, dando origem às sensações do transtorno obsessivo-compulsivo:

• capacidade restrita de expressar carinho ou sentimentos de afetividade;

• internalização dos impulsos agressivos – a criatura não sabe canalizar essa energia para outras atividades capazes de extravasá-la adequadamente;

• hábito do perfeccionismo – a pessoa passa a exigir cada vez mais de si própria, até a exaustão, extrapolando seus limites naturais;

• incapacidade de renovação – tem consciência empedernida e estreita; qualquer inovação, qualquer ideia ou ação criativa que questione seus conceitos e atitudes, é para ela um desafio ameaçador;

• falta de generosidade com seu tempo, lazer e prazeres – exagera na dedicação ao trabalho;

• comportamento inflexível – julga que ceder signifique falta de convicção; por isso, não percebe que as pessoas e as coisas não são integralmente corretas ou erradas, nem inteiramente boas ou más;

• pré-ocupação – não encara o momento presente como o tempo de realizar e produzir, vivendo a ansiedade de um futuro imaginário.

Se investigássemos a origem e a causa das obsessões – doenças da alma –, as encontraríamos em nossos pontos fracos e em determinados comportamentos autodestrutivos que, consciente ou inconscientemente, adotamos.

Fomos criados numa cultura que nos ensinou que não somos os responsáveis por tudo que estamos passando. Não admitimos que as alegrias e tristezas que experimentamos são a soma de todas as nossas escolhas existenciais. Cada impressão emocional que sentimos foi precedida por uma atitude interior ou um pensamento. A energia antecede a ação.

A dificuldade que temos em admitir nossas falibilidades é fator que, por si só, impede a cura que buscamos. Se modificarmos nossos pensamentos e atitudes, isto é, se considerarmos nossas limitações e conflitos, começaremos o processo de sanidade mental.

Acreditamos que as coisas e as pessoas é que nos fazem infelizes, mas isso não é verdade – somos causa e efeito de nós mesmos. Não existe fatalismo em nossa vida, apenas atração e repulsão, conforme nossa sintonia vibracional.

Quando aprendemos a pensar e agir de maneira moderada e saudável, a obsessão termina, porque nos tornamos livres e equilibrados, não mais perpetuando os pensamentos desajustados.

"A subjugação é uma opressão que paralisa a vontade daquele que a sofre, e o faz agir a seu malgrado. Numa palavra, a pessoa está sob um verdadeiro jugo (...) o Espírito age sobre os órgãos materiais e provoca movimentos involuntários (...)" [2]

Os subjugados corporalmente, ou seja, os portadores de distúrbios obsessivo-compulsivos, devem buscar auxílio espírita e psicológico de forma simultânea e, dependendo da gravidade do caso, recorrer também ao tratamento psiquiátrico. Às vezes, quando se busca somente um deles, o problema costuma retornar.

A convalescença espiritual é um processo gradual – mais uma jornada de autoconhecimento do que, simplesmente, uma almejada destinação. Devemos aprender a não ficar impacientes com as etapas da recuperação, mas entender que a dor, em muitas ocasiões, é o preço da sabedoria. Discernir nosso sofrimento é encontrar seu real valor para nossa existência.

---

[1] Mateus, 8:16.
[2] "O Livro dos Médiuns" - 2ª Parte - cap. XXIII, item 240.

Capacidade
IGNORADA

"(...) a matéria sutil do perispírito não tem a tenacidade nem a rigidez da matéria compacta do corpo; se podemos nos exprimir assim, ela é flexível e expansível (...)"

(2ª Parte - cap. I, item 56.)

"Há corpos celestes e há corpos terrestres. São, porém, diversos o brilho dos celestes e o brilho dos terrestres. Um é o brilho do sol, outro o brilho da lua, e o outro das estrelas. E até de estrela para estrela há diferença de brilho".[1] Nesta passagem, o grande apóstolo do Cristianismo nascente refere-se ao perispírito, que ele denomina de corpo celeste.

O perispírito é um corpo organizado, uma espécie de modelo energético, um molde fundamental para o organismo humano. Ele é um centro de forças que aglutina e dá consistência à vestimenta carnal, mantendo-a em pleno funcionamento. Podemos assim dizer que o corpo material é a condensação do corpo astral. É considerado o mediador plástico entre o Espírito e o corpo físico.

Organismo sutil, com extremo poder de plasticidade,

modifica-se sob o comando do pensamento e da vontade. Impulsos, sentimentos, emoções, traumas, repressões nele se expressam com fidelidade; por sua vez, ele se altera gradativamente, de acordo com a ação vibratória das criaturas.

O corpo astral "(...) é o fio elétrico condutor que serve para a recepção e a transmissão do pensamento; é, enfim, esse agente misterioso, inacessível, designado sob o nome de fluido nervoso, que desempenha um grande papel na economia orgânica e do qual não se dá bastante conta nos fenômenos fisiológicos e patológicos (...)".[2]

Os desequilíbrios da mente fazem com que ela perca, temporariamente, o governo de si mesma, permitindo que os tênues tecidos do corpo espiritual se perturbem, desorganizem-se, moldando-se em condições anormais. A verdadeira localização dos distúrbios mentais raramente se encontra no vaso fisiológico, mas quase sempre no corpo perispiritual, em virtude das deficiências mentais e/ou emocionais cultivadas a longo prazo pela criatura em desalinho. Portanto, é no corpo astral que se encontra a mente, onde tudo se imprime e se fixa incondicionalmente.

A força do pensamento influencia o próprio destino humano. O ato de pensar é um dos mais poderosos recursos do indivíduo; é a própria capacidade da mente de transformar ondas energéticas, dando-lhes solidez, forma e sentido. A matéria mental é o instrumento sutil da vontade, atuando na manutenção e na estrutura do corpo físico.

Em virtude disso, estando o corpo material intimamente ligado à alma, suas células são constituídas conforme as disposições perispirituais das criaturas; por isso que o organismo enfermo, na verdade, reflete atos e atitudes em desarmonia.

A insanidade está orientada por elementos sensíveis, de determinação espiritual.

A anomalia ou debilidade é uma expressão do desajuste da nossa consciência, que se materializa em forma física. Por conseguinte, precisamos de "novos olhos" para transformar a nossa forma de ver, observar e interpretar nossas doenças.

Precisamos perceber nossas sensações interiores. Dar importância a uma sensação é, simplesmente, perceber o que ela está nos querendo dizer sobre tudo aquilo que necessitamos aprender ou mudar.

Nossos sentimentos nos dão conhecimento de nós mesmos, de como somos, no momento exato em que os vivenciamos. Eles revelam-nos, com detalhes minuciosos, como as coisas estão acontecendo conosco; por isso a importância de saber interpretá-los convenientemente.

Nosso modo de viver e de administrar nossas emoções faz com que nossos corpos (físico e astral) se organizem em padrões específicos tanto no meio interno como no espaço que ocupamos externamente. Nossas emoções se corporificam, desorganizando ou reorganizando nossos tecidos interiores. "(...) a matéria sutil do perispírito não tem a tenacidade nem a rigidez da matéria compacta do corpo; se podemos nos exprimir assim, ela é flexível e expansível (...)".

Nossa mentalidade é a "escultora" de nosso corpo físico; em razão da maleabilidade do perispírito, ela comanda as funções internas e externas, esculpindo em grande parte o organismo humano.

O medo nos dá uma sensação que aprisiona, o pranto nos alivia, o perdão nos liberta, a mágoa nos adoece, o amor nos cura, a ansiedade nos enfraquece, a insegurança nos desmotiva, a rigidez nos inibe, a culpa nos constrange, a ilusão nos entorpece, o orgulho nos martiriza, a crueldade nos agride, a preocupação nos paralisa.

Crenças são pensamentos ou ideias que aceitamos como verdade e que criam harmonia ou deformidades em nosso veículo fisiológico. A saúde e a enfermidade nada mais são do que a consolidação de uma constante atitude mental.

A face e o corpo dos indivíduos revelam claramente os padrões de crenças e de pensamentos que cultivam em seu dia a dia. Cada estrutura celular, ou cada órgão interno, reage a cada emoção que sentimos ou a cada expressão que verbalizamos.

Tensionamos nossa postura corporal, paralisando, inflando, desviando, esticando, contraindo nossos músculos. Organizamos nossos espaços interno e externo de acordo com nossas relações emocionais com os outros e com nós mesmos.

Nossos corpos (material ou espiritual) podem tecer novas formas ou desmanchar velhas estruturas energéticas, conforme a persistência de nossos ideais ou a força de nossa vontade. Aqui estão prováveis exemplos, os quais, porém, devem ser vistos e analisados com certa relatividade:

• atitudes controladoras e dominadoras podem provocar inflamações na espinha dorsal;

• atitudes de ansiedade e preocupação geralmente se manifestam em forma de gastrite, úlceras, azia e outros problemas digestivos;

• atitudes de apego ou dependência afetiva podem causar intensos movimentos peristálticos e tensão na área muscular abdominal;

• atitudes de temor ou pânico refletem sobre as vísceras, ocasionando paradas intestinais ou diarreias que não cessam;

- atitudes de perfeccionismo criam enrijecimento ou deformações ósseas, podendo causar artrites ou artroses;
- atitudes de submissão e passividade desenvolvem um arqueamento das costas – cifose – decorrente da contenção de energia bloqueada nessa área;
- atitudes de culpa e ressentimento podem originar nódulos, cistos ou gânglios no corpo, resultantes de estados crônicos de tristeza e mágoa mal resolvida.

A estrutura e o desenvolvimento corporal são guiados por um conjunto de crenças e regras interiores, algumas delas distorcidas por ambientes sociais ou familiares impróprios. Pensamentos negativos ou preconceituosos agem nas zonas energéticas do perispírito, inibindo ou desarranjando funções orgânicas, excitando ou retardando os complexos celulares e lesando ossos e músculos. Repressões enfraquecem as atividades imunológicas e agridem a auto-imagem saudável.

Léon Denis, notável divulgador do Espiritismo, afirmou: "O corpo fluídico, que possui o homem, é o transmissor de nossas impressões, sensações e lembranças. Anterior à vida atual, inacessível à destruição pela morte, é o admirável instrumento que para si a alma constrói e que aperfeiçoa através dos tempos; é o resultado de seu longo passado".[3]

Os benfeitores e guias da Terra, ou de qualquer dimensão do Invisível, não tentarão nos transformar em andróides ou fantoches, curando-nos, sem que percebamos o que ocasionou as nossas doenças, ou seja, impedindo-nos de perceber quais as atitudes ou emoções que nos levaram à insanidade. Na realidade, os mentores não são "favorecedores ilimitados", mas, sim, nos conscientizam para que nós mesmos possamos transformar a insanidade em sanidade. Dão-nos uma nova visão para que façamos uma transmutação do mal em bem. A postura super-protetora de solucionar, indiscriminadamente, nossos desafios ou conquistas existenciais nos furta os instrumentos básicos da jornada evolutiva. Nenhuma entidade sábia deseja fazer-nos dependentes ou indivíduos inconscientes do processo da vida.

A plasticidade não é somente um atributo do corpo fluídico, mas também do organismo físico, resguardando a relativa proporcionalidade.

Tomar consciência dessa nossa capacidade ignorada é descobrir o autocurador que há em nós mesmos. Com o pensamento e a vontade poderemos restaurar e aperfeiçoar nossas estruturas celulares lesadas, inicialmente saneando nossa anatomia perispiritual, para, depois, reestruturar tecidos e órgãos físicos em desarmonia. Hoje, mais do que nunca, podemos entender perfeitamente a razão pela qual Jesus Cristo enunciava as mesmas palavras no ato da cura: "A tua fé te salvou". [4]

---

[1] I Coríntios, 15:40 e 41.
[2] O Livro dos Médiuns - 2ª Parte - cap. I, item 54.
[3] No invisível - III - O Espírito e sua forma, p. 46.
[4] Lucas, 17:19.

CRIATIVIDADE

"(...) pessoas que, sem estarem dotadas de uma inteligência excepcional, e sem saírem do estado normal, têm relâmpagos de uma lucidez intelectual que lhes dá, momentaneamente, uma facilidade de concepção e elocução fora do costume, e, em certos casos, o pressentimento das coisas futuras. Nesses momentos, que se chamam, justamente, de inspiração, as ideias se derramam, seguem-se, encadeiam-se, por assim dizer, por elas mesmas (...)"

(2ª Parte - cap. XV, item 182.)

Todos somos, em princípio, criativos, mas essa criatividade inata vai sendo descortinada à medida que encontra em nossa própria intimidade um ambiente propício.

Cremos estar sempre vendo a realidade das coisas, mas, em verdade, o que chega à nossa consciência são inúmeros impulsos originados por nossas percepções físicas e espirituais, e o que fazemos, além de selecioná-las (escolhemos algumas e bloqueamos o acesso de outras), é simplesmente organizá-las conforme nosso grau de entendimento evolutivo.

Interpretamos a vida através da nossa capacidade mental, que contém registros intensamente gravados em sua memória, acumulados na noite dos tempos. Todavia, não costumamos admitir que a nossa maneira de ver é uma "porção da realidade", uma apenas entre as muitas possíveis.

O reino da criatividade é amplo e de múltiplas faces. Ele tem raízes profundas nas estruturas psicológicas do ser e age de forma involuntária ou automática nas criaturas. De uma maneira simples e sintética e para melhor entendimento, poderíamos descrever esse reino como a capacidade de desestruturar uma concepção ou informação conhecida para reestruturá-la de uma maneira nova. Esse é o processo de toda criação ou invenção, na arte, na ciência, na mediunidade ou na vida diária.

O ato de criar está vinculado à nossa capacidade de associação. Quando incrementamos nossa habilidade de interligar as coisas, conseguimos que uma ideia mobilize outras. O ser que procura respostas no mundo exterior ou nas experiências de pessoas muito diferentes dele não desenvolve "pensamentos férteis".

Vale ressaltar que a criatividade é profundamente inibida em ambientes supercríticos, quer dizer, despojados da liberdade de agir e pensar. Ela só floresce numa atmosfera de independência, onde a satisfação é força motriz.

Cícero, filósofo e o mais eloquente dos oradores romanos, dizia: "Nenhum homem jamais foi grande sem um toque de inspiração divina".

O ser criativo mantém estrita ligação com a inspiração, porque olha o mundo com ampla visão de liberdade íntima. Não tenta resolver seus problemas atuais lançando mão de experiências negativas do passado, mas soluciona suas dificuldades revendo todos os seus valores internos e buscando novas ideias, reorganizando, assim, sua vida interior.

Allan Kardec se refere a "relâmpagos de uma lucidez intelectual", a "uma facilidade de concepção e elocução" e a momentos em que "as ideias se derramam, seguem-se, encadeiam-se", instantes esses em que a alma do médium está mais livre e, portanto, mais desembaraçada da matéria, porque recobra parte das suas faculdades de Espírito.

O mestre de Lyon ainda assevera que todos os pintores, músicos, literatos, ou seja, artistas de qualquer gênero, podem ser classificados como médiuns inspirados. Em todas as épocas da humanidade, os homens de talento representaram os verdadeiros impulsionadores do desenvolvimento das ideias, das organizações e das sociedades. Através da criatividade, esses inovadores transcenderam os limites restritos em que estavam confinadas a ciência, a filosofia e a religião.

Gênio, do latim "genius", quer dizer talento ou dom natural. Na Antiguidade esse conceito era utilizado para designar pessoas habilidosas ou criativas; somente nos dias atuais é que passou a significar uma superinteligência inata. Toda pessoa pode conceber, ou mesmo gerar, ideias ou possibilidades novas; nos sensitivos, é uma característica peculiar, pelo constante exercício em que eles se encontram, nas diferentes dimensões vibracionais da Vida Plena.

Inspiração é a habilidade de "olhar para dentro das coisas"; e o indivíduo inspirado atende ao propósito de vida para o qual ele foi criado, ou seja, expressa sua singularidade exclusiva. Temos em nós um centro de sabedoria dotado de todo o conhecimento necessário à nossa evolução.

O indivíduo amadurecido, portador de faculdade extrasensorial, aprendeu que existem inúmeras maneiras de viver e evoluir na Terra; também sabe que sua maneira é única, como é única para cada pessoa. Portanto, está atento para captar as lições particulares de que necessita para se desenvolver e progredir.

O ser inspirado parte sempre do princípio de que desconhece todas as respostas. Aborda a vida com os olhos curiosos de uma criança, isto é, livre para usar a imaginação, incorporando uma personalidade cândida, ainda não influenciada pelas regras e normas rígidas e preconceituosas de uma sociedade conflitada. O impulso criativo encontra clima favorável na imaginação de uma criança, mas isso não significa devaneios, fantasias ou ilusões que modelam a mente de criaturas infantilizadas e sem os pés na realidade. "Deixai vir a mim as criancinhas" é advertência que aqui pode servir de justa comparação: a pureza de coração, a naturalidade, a sinceridade são atitudes inerentes à infância terrena, pois o Espírito veste, por determinado tempo, a túnica da espontaneidade. Esses são os campos propícios para a inspiração ou criatividade.

Deixamo-nos levar "por um impulso involuntário e quase febril; parece-nos que uma inteligência superior vem nos ajudar, e que o nosso espírito se desembaraça de um fardo", assim se reporta Kardec, na mesma questão 182, sobre a impressão sensorial no ato da inspiração. Aliás, foi ele um dos gênios do século passado.

O sensitivo natural tem senso de progresso e é habilidoso, traz de vidas passadas um manancial significativo de experiências, que lhe faculta desestruturar mentalmente a realidade conhecida e reestruturá-la de formas diferentes e expressivas.

O médium autêntico não copia ninguém. Não se limita a seguir caminhos já percorridos; tem a habilidade de ver as coisas com olhos novos, fazer associações que transcendem o comum.

Os Espíritos Superiores inspiram os medianeiros que desejam aumentar seus valores criativos e desenvolver uma crescente receptividade às lições da Natureza, a qual nos transmite uma sabedoria que percorre caminhos não racionais.

Ensinam-nos, sobretudo, que a "Voz de Deus" em nós é

a fonte inesgotável de toda a criatividade e que, quase sempre, esse diálogo divino acontece em nosso âmago, através de uma linguagem não convencional.

INSTRUMENTO
DA VIDA

> *"O desenvolvimento da mediunidade está em razão do desenvolvimento moral do médium?*
> *Não; a faculdade, propriamente dita, relaciona-se com o organismo; é independente da moral; não ocorre o mesmo com seu uso, que pode ser mais ou menos bom, segundo as qualidades do médium."*
>
> (2ª Parte - cap. XX, item 226-1º.)

Estamos seguindo na jornada evolutiva um marco instintivo que nos conduz de volta ao "lar" que existe dentro de nós. Podemos perceber que em nossa intimidade há uma seta espiritual que nos indica a direção da volta para a nossa "casa" interior.

O termo ecologia provém das palavras gregas *óikos* (casa) e *lógos* (ciência), podendo ser interpretado como "ciência da casa". A Natureza é criação divina, e nós, filhos de Deus, somos também Natureza.

A Terra (nossa casa) é um imenso complexo ecológico. Seus diversos ecossistemas (associações físicas e biológicas entre os elementos naturais – uma espécie de "vida coletiva" – que se auto-organizam e auto-reproduzem) não existem isolados uns dos outros, mas se agrupam em unidades cada vez maiores e mais complexas, formando por fim uma unidade global de vida no planeta.

Assim considerando, a Terra pode ser equiparada a uma teia interligada, um intricado sistema integrado, onde todo ser humano tem um papel criativo e revelador a desempenhar em sua jornada existencial – perceber sua relação íntima com a Natureza.

O homem, nesta aurora do terceiro milênio, necessita compreender que nascer, sobreviver, desenvolver-se, crescer, criar, viver e morrer são partes de uma única movimentação inseparável e coesa. E que ele é somente uma porção dessa grande sinfonia da evolução da vida.

Há dentro de nós uma ânsia inquestionável de sair dos domínios da escuridão e da ignorância de nós mesmos e de entrar no mundo da claridade e da sabedoria. Portanto, a evolução da alma pode ser comparada a uma caminhada das trevas para a luz. O grão de nossa consciência foi plantado nas profundezas escuras do solo da inconsciência, que constitui a semeadura da aprendizagem e das experiências. Por fim, quando ele desabrocha na superfície terrestre e deslumbra o clarão do dia pela primeira vez, esquece-se, quase que de imediato, de onde veio. Talvez aí esteja uma analogia perfeita da razão da perda de nosso senso de identidade.

Não podemos dissociar ou separar o Criador da Natureza e o Espírito do corpo. Ao percebermos a íntima ligação da Divindade dentro de nós, também a veremos igualmente no exterior, nos processos cósmicos que deram origem à vida e dos quais nossas vidas dependem – física e espiritualmente.

Os Espíritos Superiores sabem que em todas as coisas vivas e não vivas há uma qualidade divina, que deve ser respeitada. Em razão disso, Léon Denis sintetizou de forma notável:

"O psiquismo dorme na pedra, sonha na planta, agita-se no animal e desperta no homem".

Os povos primitivos tinham como crença o "animismo", considerado um dos primeiros sistemas religiosos de nossa civilização. Acreditavam que os rios, montes, florestas, lagos e mares, bem como os animais e o próprio homem, todos eram animados por uma mesma essência divina. Viviam plenamente no mundo natural, numa época de inocência e também de liberdade. Certamente, quando recuperarmos esse nosso senso de identidade com a Natureza, que esses homens primitivos tinham por instinto e leve noção, poderemos voltar a viver numa fase paradisíaca, sentindo a imensa harmonia que governa tudo o que existe no Universo.

A faculdade extra-sensorial é um "instrumento da vida", uma condição natural do desenvolvimento dos seres humanos. Independentemente de as criaturas aceitarem ou não, ela faz parte da naturalidade da existência. É uma faculdade comum a todos, ou seja, integra o processo ontogenético do organismo humano; está presente no desenvolvimento inato das criaturas. Assim afirmam os Espíritos Superiores a Kardec: "(...) a faculdade, propriamente dita, relaciona-se com o organismo; é independente da moral (...)".

Além do mais, "Os bons Espíritos não aconselham jamais senão coisas perfeitamente racionais; toda recomendação que se afaste da reta linha do bom senso ou das leis imutáveis da Natureza, acusa um Espírito limitado e, por consequência, pouco digno de confiança".[1]

A interação da mediunidade com a Natureza sempre foi reverenciada por inúmeras culturas do passado, e a ligação entre os mundos visível e invisível, cultivada em todos os tempos da humanidade.

Os sensitivos percebem em todos os lugares o toque da inspiração divina. A abertura da sensibilidade proporciona "olhos sutis", que veem e exaltam os espetáculos ocultos do Universo.

Exemplo disso é a história de Michelangelo e, mais especificamente, uma de suas mais primorosas obras – a estátua de Davi. Conta-se que, em certa ocasião, utilizando-se de sensibilidade espiritual, ele se dirigiu a um bloco de mármore de Carrara para apará-lo. Divinamente inspirado, começou a dar forma à famosa escultura (hoje exposta em Florença), munido de cinzel e martelo. O iluminado artista italiano afirmava, simbolicamente, que apenas removia o excesso de pedra daquele sólido bloco, dele libertando Davi, aprisionado. Revelar a beleza escondida na matéria, captar as dimensões invisíveis do Universo, faz parte do nosso "sexto sentido".

Michelangelo sabia restituir nossas relações rompidas com o mundo da Natureza.

Os médiuns espiritualizados, a nosso ver, são aqueles que investigam a vida através de suas próprias experiências, integradas a um todo de possibilidades cognitivas. Possuem uma predisposição incomum ao serviço da racionalidade e do sentimento, a ponto de se autoprotegerem da superstição e do misticismo fanático. Podem ser encontrados entre os artistas, filósofos, cientistas, escritores, sacerdotes. Eles sempre lançam mão de um estilo de vida reflexivo, desenvolvendo uma associação íntima entre intelecto e fé, entre Natureza e si mesmos.

---

[1] "O Livro dos Médiuns" - 2ª Parte - cap. XXIV, item 267-18º.

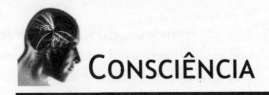

CONSCIÊNCIA

DE ORGULHO

"(...) confiança absoluta na superioridade do que obtêm, desprezo daquilo que não vem deles, importância irrefletida atribuída aos grandes nomes, recusa de conselhos, tomar a mal toda crítica, distanciamento daqueles que podem dar avisos desinteressados, crença na sua habilidade, malgrado sua falta de experiência: tais são os caracteres dos médiuns orgulhosos."

(2ª Parte - cap. XX, item 228.)

Nós é que decidimos de que modo interpretaremos os atos e atitudes que acontecem em nossa vida. Qualquer que seja a importância e o significado que determinada pessoa ou acontecimento tenham para nós, eles terão o exato sentido e valor que nós lhes atribuirmos. Em muitas ocasiões, percebemos as coisas não como elas são, mas como nós somos. Não há uma interpretação generalizada, mas, sim, a nossa percepção individual e peculiar de sentir e de ver.

Uma vez que cada indivíduo é uma criação imortal e única, gerada por Deus, suas percepções também são únicas e originais. Portanto, para melhor entendimento dessas nossas considerações, precisamos discernir entre sensação e percepção.

Os cinco sentidos do homem cooperam entre si e alargam-se mutuamente, tendo como aliado imprescindível o sexto sentido. Por exemplo, quando o corpo recebe ondas de calor, os olhos, ondas de luz ou o nervo auditivo, ondas sonoras, essas ondas alcançam diretamente os centros nervosos, através dos órgãos dos sentidos físicos, provocando uma sensação.

Percepção, por sua vez, é a compreensão de algo, ou a interpretação do somatório de todas as sensações que estão ocorrendo conosco em dado momento. Tem como função primordial os sentimentos, e, sem a interpretação deles, não há como perceber adequadamente. O exercício da percepção nos leva a uma maior capacidade de compreender e explicar os fenômenos do reino interior; isto é, a mente se torna mais lúcida e compreende com exatidão.

Quanto maior o desenvolvimento interno do indivíduo, mais elevado é seu "universo de discernimento". Seu corpo astral é a "chave de recepção" das forças psíquicas. Quer dele próprio, quer de outros Espíritos (vinculados ou não ao corpo físico).

A criatura humana é um ser que pensa, portanto é produto de suas sensações e percepções. Nada existe em nosso "arquivo mental" que não tenha passado pelos portais de nossas mais íntimas impressões.

Orgulho é uma forma pela qual interpretamos as pessoas e os fatos. É um "estado de consciência" em que a insensibilidade predomina. O orgulhoso utiliza unicamente o que supõe ou imagina, não o que sente. Sua percepção é distorcida, pois ele apenas dá importância ao que os outros vão pensar ou achar dele e não presta atenção em seu "universo interior". Ele vive apenas "experiências teatrais" – interpreta papéis no "palco da vida".

Muitos de nós estamos tão distanciados de nossas percepções – manifestações e expressões interiores, que nos tornamos "mártires de relacionamentos". Somos incapazes de manter relações duráveis ou sinceramente afetivas.

O orgulhoso vive uma determinada fase evolutiva, ou seja, transita num estado mental onde predomina o ego (as sensações e/ou ilusões da mente) e não a alma (a percepção dos sentimentos).

"(...) confiança absoluta na superioridade do que obtêm, desprezo daquilo que não vem deles, importância irrefletida atribuída aos grandes nomes, recusa de conselhos (...)" são algumas das características das criaturas que vivem nesse estágio de evolução espiritual.

Os orgulhosos estão mais interessados no modo como se apresentam do que no modo como sentem. De fato, negam qualquer "aviso do coração" que conteste sua imagem onipotente. Agem distanciados de sua intimidade; em virtude disso, valorizam títulos e nomes importantes, adotam cartilhas moralistas ou regras rígidas e tendem a ser pretensiosos e dissimulados. Como os sentimentos são uma realidade primordial da vida humana, não estar em contato com os próprios sentimentos causa, progressivamente, uma grave descompensação emocional.

Querem ter a aparência do que não são; assim perdem a sinceridade, a criatividade e a originalidade. Vivem concentrados nos próprios interesses, mas carentes dos verdadeiros valores do Espírito – ética, bom senso, sensibilidade e naturalidade.

Todas as suas atividades convergem para a exaltação de si mesmos, sendo incapazes de distinguir entre a realidade do que são e o "eu idealizado" que fantasiam ser.

Identificam-se com poderosa figura imaginária do tipo "todos são menos do que eu". São enamorados de sua autoimagem.

Por outro lado, não devem ser considerados orgulhosos

aqueles que têm um certo interesse pela boa presença ou que procuram manter-se alinhados. É necessário dizer que existe uma distinção entre esmero saudável com a aparência e paixão ou endeusamento pela própria imagem.

Acreditamos que o bom parecer tem relativa importância no quadro geral da normalidade no ser humano e, com certa frequência, as criaturas querem ser mais apresentáveis, elegantes e aprimoradas em seu aspecto exterior. Essa preocupação com a estética constitui parte do modo de vida natural, razão pela qual podemos considerar emocionalmente perturbada uma pessoa desleixada e indolente com sua aparência.

Na realidade, o orgulho do indivíduo corre lado a lado com todos os seus aspectos existenciais, inclusive atua sobre suas faculdades psíquicas. Moldamos nossa existência de acordo com nosso estado evolutivo.

Em diversas ocasiões, o orgulhoso se apresenta como alguém empenhado em "prestar auxílio ao próximo". Mas, aquilo que ele chama de caridade apenas representa um exercício de poder e controle sobre os outros. Apesar de suas afirmações e declarações fundamentadas em supostas boas intenções, ele está simplesmente dando expansão à vaidade de comandar a vida alheia.

Sugerimos algumas medidas de apoio, para que possamos deixar as faixas do "estado de orgulho" e alcançar maiores níveis de crescimento e desenvolvimento espiritual:

• não ficar facilmente magoado com a crítica ou desaprovação dos outros;

• desenvolver a autoconfiança, não se preocupando com o medo de ser rejeitado ou abandonado;

• promover o senso de valor, aceitando seus próprios sentimentos e experiências íntimas;

• estar aberto à aprendizagem, tomando decisões sem procurar excessivamente o conselho das pessoas;

• não lutar para controlar e mandar, mas se tornar a própria fonte de satisfação ou prazer;

• não perder a identidade, aprendendo a viver sem a simbiose familiar, social, profissional, religiosa e assim por diante;

• sentir, pensar e agir e nunca utilizar a "imaginação fantasiosa", subestimando a experiência.

Essas instruções, colocadas em prática, poderão ser o início de um estado de consciência mais pleno, no qual ocorrerá autoaprendizado sobre quem somos realmente e quem poderemos vir a ser ou produzir em nossas relações com o mundo material e o extrafísico.

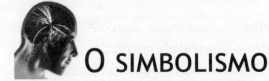

O SIMBOLISMO
DOS SONHOS

"As mais comuns manifestações aparentes ocorrem no sono, pelos sonhos: são as visões (...) Resumimo-nos dizendo que eles podem ser: uma visão atual de coisas presentes ou ausentes; uma visão retrospectiva do passado e, em alguns casos excepcionais, um pressentimento do futuro. São também, frequentemente, painéis alegóricos que os Espíritos fazem passar sob nossos olhos para nos dar úteis advertências e salutares conselhos (...)"
(2ª Parte - cap. VI, item 101.)

Os símbolos são a linguagem do inconsciente. Inúmeros são os níveis de consciência e, da mesma forma, diversos os níveis de inconsciência. Os sonhos contêm símbolos ligados a esses estados da alma humana. Os símbolos dos sonhos são, em sua maioria, manifestações de uma parte da psique que escapa ao controle do consciente.

Nosso mundo onírico tem uma propriedade excepcional de sintetizar, por meio de uma expressão ou de um quadro mental, todas as influências do inconsciente e do consciente, bem como das forças instintivas e espirituais em desordem, ou em via de se harmonizar no interior de cada um de nós.

Sonhar com um fundo de vale ou com o mar, com animais ou uma taça, com um sótão ou porão, estar no leito de um rio ou no pico de uma montanha, cair do último andar de um edifício ou voar muito alto podem simbolizar diferentes aspectos de nossa realidade interior.

Os símbolos estão no imo, constituem o cerne da nossa vida mais íntima. Revelam os segredos do nosso inconsciente, conduzem-nos aos mais recônditos estados interiores, abremnos a alma para o desconhecido. Quando os interpretamos, liberamos a energia neles contida.

O "sono" é um fenômeno fisiológico, um estado especial do organismo em que ocorre uma diminuição de estímulos externos, uma relativa carência de reações e uma eventual imobilidade na qual o corpo entra em repouso. Nele, a vigília é abolida, ocasionando uma suspensão da vida de relação, que possibilita a expansão dos cordões fluídicos que prendem o Espírito na matéria densa. Estando distendidos os laços energéticos, a alma pode entrar em contato com outras dimensões da vida, dentro e fora dela mesma.

Por outro lado, o "sonho" pode ser definido como uma sucessão de imagens mais ou menos coerentes, que aparecem quando o indivíduo dorme. Sua análise pode ser um dos meios para se conhecer as porções superficiais ou profundas do inconsciente, dado que o sonho traz um "conteúdo manifesto" (alegorias, emblemas, figuras, paisagens, pessoas) que, após uma interpretação de sua simbologia, pode-se chegar ao que realmente interessa – o "conteúdo latente" (sentimentos reprimidos, desejos, traumas, lembranças, vocações, etc.).

O sonho pode revelar/retratar inúmeros contextos: perturbações fisiológicas, insegurança ou medo de fatos a ser vivenciados, situações acontecidas há pouco ou muito tempo, ansiedades ou preocupações do cotidiano, recentes visitas (agradáveis ou não) pelo mundo astral, recordações de vidas anteriores, impressões experimentadas durante a saída ou no retorno ao corpo denso, além das já citadas formas de comunicação entre os aspectos conscientes e inconscientes que compõem a nossa mente – repositório dos registros de experiências da alma.

No transcorrer do dia a dia, em nossa linguagem, em nossos gestos ou sonhos, quer notemos ou não, cada um de nós utiliza imensamente a simbologia. Ela dá forma às tendências inatas, aos propósitos, às inclinações, provoca decisões, modela atos e atitudes. Na realidade, existe em nós um grandioso mundo de símbolos.

A expressão simbólica leva a criatura a decifrar e discernir sua existência, que, muitas das vezes, lhe escapa por causa da obscuridade que a rodeia. Quando buscamos em nossas atividades diárias um objetivo alheio ao real sentido da vida mais ampla, surgem os enigmas, os mistérios insondáveis; coisas difíceis de entender ou interpretar. Aparecem os vazios existenciais e nossa vida começa a se tornar problemática.

Ora, cada indivíduo é, a um só tempo, conquista e dádiva de toda uma herança biopsicoespiritual de uma humanidade milenar. Ele se distingue por aspectos culturais e sociais próprios de sua existência atual, aos quais se acrescentam os frutos de suas experiências de vidas passadas.

A maneira pela qual nos comportamos, agimos, as atitudes que tomamos em relação a nós e aos outros, a nossa postura de vida, enfim, resulta de uma série de pensamentos bastante complexos.

Grande parte desses sentimentos e pensamentos não conhecemos; acontecem de forma automática e involuntária. Afirmamos que são inconscientes. Entretanto, outra parte de nossa intimidade ocorre de maneira clara e lúcida, pois temos perfeita noção do motivo pelo qual estamos dizendo e fazendo: quanto a essa, declaramos que é consciente.

O ilustre psiquiatra suíço Carl Gustav Jung define o que se deve entender por inconsciente individual: "Uma porção de nossa mente da qual não estamos diretamente cônscios, mas que está sempre ativa, determinando uma forte e decisiva atuação sobre nossos comportamentos, realizações e sentimentos e, talvez, a mais séria de todas – sobre nossa saúde. Tudo o que os meus sentidos percebem, mas não é discernido por minha mente consciente: acontecimentos desprezados durante o dia, deduções concluídas de maneira precipitada, tudo o que, involuntariamente, penso, sinto, desejo, noto e faço; ideias inaceitáveis e recalcadas, afetos não consentidos e conteúdos que ainda não foram digeridos totalmente ou imaturos".

A Vida Providencial, frequentemente, se utiliza de meios simbólicos para facilitar o desenvolvimento e crescimento dos indivíduos.

Os "painéis alegóricos que os Espíritos fazem passar sob nossos olhos para nos dar úteis advertências e salutares conselhos" necessitam ser interpretados, auferindo-se deles todos os potenciais que possam produzir saúde, paz, equilíbrio e autorealização. Eles não são, como vulgarmente se imagina, ficções mentais, sensações ilusórias ou excesso de imaginação, desprovidos de fundamento, razão ou sentido.

A humanidade registra e analisa o mundo onírico há milhares de anos. Não apenas os judeus o cultivam, segundo consta no Velho e no Novo Testamento, mas igualmente outros povos. No Antigo Egito, a oniromancia, ou a premonição por meio dos sonhos, era praticada pelos sacerdotes e escribas. Os índios da América do Norte consideravam os sonhos sinais decisivos para a escolha dos xamãs, ordenação de caçadas, guerras, condenações à morte ou absolvição, além do nome que se daria aos recém-nascidos.

Os gregos acreditavam que a ciência médica se devia a Asclépio (Esculápio para os romanos), filho de Apolo e de Coronis, meio deus, meio mortal. A escola de medicina em Epidauro atraía enfermos de toda a parte da Grécia; os sonhos que relatavam eram veículos de cura para suas enfermidades físicas e mentais. Os feridos e doentes eram recolhidos no templo dessa cidade grega e incentivados pelos oráculos a manusear argila para poderem visualizar seus sonhos e modelar suas dificuldades internas. Esse dinamismo representava uma oportunidade maior para se recuperar a sanidade; era um processo de abrir caminhos para o desconhecido, que os afligia. Aliás, técnicas semelhantes são usadas na atualidade pelos psicoterapeutas.

Nosso corpo sensorial percebe ou traduz, através de "antenas ou radares energéticos", mensagens, formas ou forças intrínsecas existentes em nossa intimidade. O que é manifestado no imo da própria alma sempre acaba, de algum jeito, sendo refletido de forma consciente.

Todos aqueles que se candidatam à espiritualização não podem viver acomodados à vida de superfície, preocupados mais com as aparências do que com a realidade interior. Precisam afinar a sensibilidade, aquietar a mente e utilizar o "olho interior", a fim de expandirem a consciência.

O sonho é um dos melhores agentes de informação sobre o estado físico, psíquico e espiritual dos indivíduos. Ele fornece amiúde símbolos vivos dissimulados sob a forma de imagens de seres estranhos a quem sonha. O drama onírico é que, muitas vezes, a criatura pode ser representada com traços que não têm aparentemente nada em comum com ela.

Em razão disso, um dos papéis da análise dos sonhos é restituir a identidade própria do indivíduo, assegurando-lhe uma auto-regulação das forças biológicas e espirituais.

Não somente na mediunidade, mas em todos os processos de desenvolvimento da humanidade, os sonhos facilitam a ascensão e a integração do homem, possuindo um papel criativo na conexão entre todos os níveis de consciência. As imagens oníricas bem compreendidas contribuem, invariavelmente, para uma ampla percepção do universo invisível.

Talvez seja por isso que os sonhos, como mediunidade, são claramente anunciados na predição relatada nos Atos dos Apóstolos: "Sucederá nos últimos dias, diz o Senhor, que derramarei do meu Espírito sobre toda a carne. Vossos filhos e filhas profetizarão, vossos jovens terão visões e vossos velhos sonharão". [1]

---

[1] Atos, 2:17.

Nota do autor espiritual: A interpretação dos símbolos oníricos serve, neste livro, unicamente para explicar que eles são uma das formas de expressão do inconsciente e que necessitam ser traduzidos, a fim de facilitarem o entendimento da vida e, por consequência, os mecanismos da mediunidade. Porém, não serve para induzir os leitores a uma análise precipitada de exótica adivinhação.

HONESTIDADE
EMOCIONAL

> *"(...) no estado de enfermidade, o cérebro está sempre mais ou menos enfraquecido, não existe equilíbrio entre todos os órgãos, alguns somente conservam sua atividade, enquanto que outros estão de alguma sorte paralisados; daí a permanência de certas imagens que não são mais apagadas, como no estado normal, pelas preocupações da vida exterior. Aí está a verdadeira alucinação e a causa primeira das ideias fixas."*
> (2ª Parte, cap. VI, item 113.)

Um indivíduo em estado de fixação mental nada vê, nada ouve, nada sente ou nada percebe além da pessoa, objeto ou fato a que sua mente cristalizada se prendeu.

A fixação mental pode perdurar por séculos, ou seja, por diversas encarnações. A alma se isola do mundo externo, passando a visualizar unicamente o centro do desequilíbrio, permanecendo paralisada, dominada por ocorrências ou fatos aflitivos, recentes ou remotos.

Trata-se de uma verdadeira tortura mental sobre a qual o enfermo não tem nenhum controle. A fronte pensadora mantém um diálogo ininterrupto: vive em constante conversa de si para consigo mesmo.

A mente se fixa em determinada criatura ou acontecimento e fica incapaz de evitar que os pensamentos, as discussões e as palavras continuem girando sem parar. O mundo mental se torna hiperativo; repete o mesmo problema muitas vezes, levando a criatura à fadiga, acompanhada de uma sensação de cabeça pesada e de sobrecarga íntima.

A perturbação interior pode imobilizar-nos por tempo incalculável entre os fios de sua "textura de escuridão". A alma infeliz se faz prisioneira não só de inimigos externos, mas, sobretudo, dos mais ferrenhos inimigos: os internos.

Indivíduos doentes contemplam tão-somente, e por largo tempo, as aflitivas criações mentais deles mesmos, ficando obstruída a possibilidade de observarem novas e edificantes paisagens de desenvolvimento e crescimento espiritual. São processos de monoideísmo, verdadeiros estados mentais alucinatórios, em que vivem isolados em circuitos fechados. São aprisionados nos próprios painéis íntimos e justapostos às criaturas afins, desencarnadas ou não, coagulando ou materializando imagens repetidas por associação individual e espontânea.

Reservados, insociáveis, carrancudos, tímidos, envergonhados, super-sensíveis e desprovidos de humor, eis as características mais frequentes desses indivíduos.

Na mansão do pensamento, o raciocínio emite as ordens, mas é o sentimento que guia. A pessoa que não consegue aproximar-se dos outros e expressar suas emoções cria uma aversão à afetividade; reduz cada vez mais sua capacidade amorosa, tornando-se indiferente e apática.

As criaturas desenvolvem um "mecanismo de distância", isto é, cultivam um "isolamento alucinatório". Vivem numa espécie de desonestidade emocional, criando um afastamento não apenas do mundo, mas também de si mesmas.

"(...) a permanência de certas imagens que não são mais

apagadas, como no estado normal, pelas preocupações da vida exterior (...)" e "(...) a verdadeira alucinação e a causa primeira das ideias fixas (...)" podem estar potencialmente ligadas ao fato de não expressarmos nossos sentimentos ou emoções.

Criamos um bloqueio mental e/ou emocional, separando o nosso horizonte contextual e o nosso conteúdo sentimental, o que resulta na perda do verdadeiro significado de nosso mundo afetivo.

Estar com medo ou negar o que sentimos pode nos levar a uma situação que provoca alucinação. A criatura não consegue resolver-se, por ignorar suas reações emocionais, nem mexer-se, porque se autodistrai, criando uma ideia fixa que a mantém imobilizada ou paralisada intimamente.

Aprender a identificar o que estamos sentindo é um desafio que podemos dominar, mas não nos tornamos especialistas da noite para o dia. Ignorar as sensações não faz com que os sentimentos desapareçam.

Muitos de nós tentamos nos convencer de que não devemos entrar em contato com nossos sentimentos; ficamos hábeis em seguir as regras do "não sinto nada" ou "não devo sentir isso". De todas as proibições que tivemos, essas talvez sejam as regras mais duradouras e persistentes em nosso mecanismo mental.

Precisamos deixar um espaço para trabalhar nossos sentimentos e emoções. Somos seres humanos, não marionetes.

Quem somos, como amadurecemos, como vivemos e como crescemos, tudo está intimamente interligado com nossa área emocional – uma parte preciosa de nós mesmos. Realmente temos sentimentos, às vezes difíceis e problemáticos, outras vezes explosivos, que precisam ser reelaborados ou transformados. Não precisamos reprimi-los rigidamente, nem permitir que eles nos controlem ou nos imponham atos e atitudes. Lembremo-nos de que apenas podemos nos redimir até onde conseguimos nos perceber, até onde nos permitimos sentir.

Como nos reformar, se evitamos constantemente nossas sensações? Muitos de nós ficamos longo tempo ligados na negação. A "negação" é considerada um mecanismo de defesa que nos protege até que possamos ficar equipados para lidar com os fatos da vida, dentro e fora de nós. Mas não devemos passar muito tempo negando a realidade.

A alucinação ou a ideia fixa, tanto consciente quanto inconsciente, limita a nossa liberdade de ação nas atividades mediúnicas, como também nos diversos setores da vida. Toda ilusão deixa a criatura obcecada, e não admitir o que se sente é uma forma de auto-ilusão. Para não ficarmos enredados nas malhas da fixação mental, precisamos entrar em contato com o "chão da realidade".

A cura definitiva para esse tipo de mal é aprimorar nossos sentimentos e abrandar nosso coração, identificando com atenção as reações interiores e transformando-as para melhor.

A Vida Maior não tenta distanciar o homem da Natureza, mas facilitar sua conexão com ela. Portanto, mais cedo ou mais tarde, o homem terá de voltar à naturalidade da vida, destruindo gradativamente os excessos do formalismo social e religioso e os exageros do artificialismo das convenções, que contrariam as leis naturais e, por consequência, geram conflitos ilusórios e perturbação íntima.

A edificação da paz no reino interior se estabelece em nós definitivamente quando começamos a cultivar a "honestidade emocional" em todas as nossas relações, com nós mesmos ou com os outros.

ILUSÃO E REALIDADE

"(...) Como não há pior cego do que aquele que não quer ver, quando se reconhece a inutilidade de toda tentativa para descerrar os olhos do fascinado, o que há de melhor a fazer é deixá-lo com suas ilusões. Não se pode curar um enfermo que se obstina em conservar seu mal e nele se compraz."
(2ª Parte - cap. XXIII, item 250.)

Cada indivíduo é um microcosmo, parcialmente ciente de si mesmo; um complexo de forças inconscientes a ser ainda descobertas.

Demóstenes, um dos mais célebres oradores atenienses, dizia: "É extremamente fácil enganar a si mesmo; pois o homem geralmente acredita no que deseja".

O ser vê as coisas e o mundo tal como ele é. Quando se vive em equilíbrio interior, até mesmo nos fatos e ocorrências que aparentam enormes desajustes se pode encontrar uma harmonia oculta. À medida que nos transformamos, vamos mudando nossa visão da Criação e das criaturas.

O termo "Samsara", nas diversas religiões orientalistas, tem como significado o "mundo das ilusões". Elas afirmam que a maioria dos seres humanos vive neste universo fictício, razão pela qual está presa ao círculo dos renascimentos, e que todo sofrimento provém de não sabermos distinguir a ilusão da realidade. Asseguram ainda que, para atingirmos a espiritualidade, seria necessário extinguirmos as fantasias do mundo físico, aniquilando assim o "ego" – conjunto de ilusões que nos afastam do senso de realidade.

O orgulho é a inquietação de viver para uma imagem efêmera e egocêntrica. Alimentar a aparência requer viver em função da imaginação que se faz de si mesmo e das pessoas. A busca existencial dos orgulhosos não repousa nas experiências de "ser" e, sim, nas expectativas de "ter" ou de agradar os outros.

A fascinação está intimamente ligada ao orgulho e ambos têm como raízes a necessidade de triunfar a qualquer preço, uma arrogância competitiva, subprodutos de um complexo de inferioridade ou baixa auto-estima.

Os "olhos do fascinado" trazem gravados, em sua retina espiritual, clichês psíquicos – desta ou de outras vidas – de imagens idealizadas de onipotência.

Por exemplo, na infância pode ter sido uma criança elogiada em demasia ou supervalorizada pelos familiares e amigos. Daí desenvolveu uma convicção de supremacia e orgulho, uma tendência adquirida de que nada existe que ele não faça bem e de que não há ninguém que faça melhor que ele.

Esse indivíduo acredita não ter dúvidas (conscientemente), julga-se um doador benemérito, uma pessoa admirável, possuidora de qualidades extraordinárias. Tudo isso pode até conter uma partícula de verdade, mas esse excesso de admiração e elogios que recebeu quando criança pode ser a chave para que possamos compreender melhor suas atitudes de auto-ilusão.

Não é que ele não queira ver, está momentaneamente

impossibilitado de enxergar a realidade. Aliás, só podemos modificar aquilo que conseguimos ou queremos ver.

Há casos de auto-ilusão em que não se pode afirmar, de forma categórica, que o fascinado "se obstina em conservar seu mal e nele se compraz", de propósito, ou mesmo que ele negue o fato real, por ser teimoso ou turrão. O fascinado não consegue "descerrar os olhos", porque vive subjugado pela irrealidade do seu ego tacanho, individualista e míope.

Em muitas ocasiões, recusar a verdade ou não se permitir reconhecer a realidade se prende a um mecanismo de defesa inconsciente usado para bloquear a consciência às coisas que ameaçam os valores mais íntimos do indivíduo.

Neste caso, sempre que ele perceber que seu fictício prestígio ou sua auto-estima inadequada estiverem sendo ameaçados, acionará inconscientemente seu sistema ilusório, para proteger-se. Sua técnica de defesa será: "estou sempre certo". Haverá um esforço enorme para resguardar sua suposta superioridade. Em muitas circunstâncias, pensamos que a máscara que utilizamos é a nossa verdadeira essência.

Forçá-lo ou obrigá-lo a enxergar a realidade negada pode ser uma medida precipitada e perigosa. Importante lembrar que, conforme o Livro do Eclesiastes, "Há um momento para tudo e um tempo para todo propósito debaixo do céu... tempo de plantar e um tempo de arrancar a planta". [1]

Ele confere a seu trabalho mediúnico e a seus objetivos brilhantes qualidades. Não suporta sugestões, observações ou qualquer questionamento sobre si mesmo ou de suas obras. Quando lisonjeado, presta favores e retribui a devoção recebida, mas nunca admite ser seriamente contestado.

A fascinação é uma forma de auto-engano. É uma atração

dominadora que esconde sob um manto opaco e invisível nossa visão clara e crítica dos valores naturais que regem nossa existência de Espíritos imortais.

Nossos pontos fracos nos tornam vulneráveis à ascendência dos Espíritos ignorantes. O obsessor não causa a fascinação. Apenas se aproveita dos núcleos mal elaborados da psique humana, agravando o desajuste já ali instalado.

Nós é quem abrimos a aura, permitindo a intromissão de elementos negativos, que manipulam e dominam nossas energias.

Quando um médium inicia seu processo de autoconhecimento, desperta e vê o que ele é realmente em sua natureza profunda e sente que, para conviver em harmonia, necessita perceber de forma lúcida como funciona a "instrumentalidade psíquica" entre a vida consciente e a inconsciente.

Os indivíduos que procuram criar e manter uma imagem de falso prestígio se tornam alvo do assédio não só dos Espíritos desencarnados como de todos os encarnados que estão em seu redor.

Para nos desfazermos da fascinação ou da auto-ilusão seria preciso apenas nos desvencilharmos da escravidão da ideia pressuposta que temos ou desejamos ter acerca de nós mesmos. Sempre que abandonarmos nossa identidade real, tentando constituir como eixo central de nosso cotidiano uma imagem distorcida e fantasiosa, viveremos inadaptados socialmente e com uma série de transtornos psíquicos.

Seria muito simples ser aquilo que somos, tomar posse de nossos verdadeiros dons divinos, evitando desse modo todo sofrimento e esforço para aparentarmos aquilo que não somos.

Não nos esqueçamos, porém, que a sabedoria vem da

prática; quanto mais experiências, mais discernimento e bom senso possuiremos.

"... Como não há pior cego do que aquele que não quer ver...", é bom recordar que não podemos modificar as pessoas, mas apenas oferecer-lhes mãos amigas, propor-lhes os ensinos da Boa Nova, compartilhando estudos, orações, experiências e compreensão.

Aprendendo a ser pacientes com nossas dificuldades, aprenderemos, do mesmo modo, a ser tolerantes com as dos outros. Somente tomaremos soluções sensatas diante de situações enganosas quando já tivermos adquirido a capacidade de enxergar os fatos e acontecimentos tais quais são na realidade.

---

[1] Eclesiastes, 3:1 e 2.

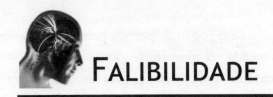
FALIBILIDADE

"As reuniões de estudo, por outro lado, são de imensa utilidade para os médiuns de manifestações inteligentes, sobretudo para aqueles que têm um desejo sério de se aperfeiçoar, e que a elas não vêm com uma tola presunção de infalibilidade (...)"
(2ª Parte - cap. XXIX, item 329.)

A diferença entre ter religiosidade e ser religioso é que o religioso acredita unicamente nas experiências que os outros disseram que tiveram com Deus, enquanto que aquele que cultiva a religiosidade desenvolve sua própria experiência com o Criador.

O Espiritismo nos encoraja a uma interiorização em busca da iluminação íntima. Doutrina que nos inspira não somente a recorrer à sabedoria das criaturas iluminadas que vivem em nossa época ou que viveram antes de nós, mas também que nos ensina a tomar posse da força espiritual que há em nosso interior.

Ora, se procuramos desenvolver nosso potencial de religiosidade – encontrar Deus em nós –, somos convidados a sair das nossas zonas de conforto e nos permitir ser flexíveis à mudança, que é o ponto de partida para atingirmos níveis de consciência cada vez mais amplos e elevados.

Entretanto, toda mudança gera desafios, que ora aliviam e alegram, ora frustram e entristecem. Mudar é um processo que a Providência Divina utiliza para garantir a evolução. "Nascer, morrer, renascer ainda e progredir sem cessar, tal é a lei".[1] Nesta sentença, a palavra-chave é "mudança".

No entanto, somente mudamos ou nos renovamos quando tomamos conhecimento de nossos potenciais sufocados, isto é, quando constatamos que desconhecemos vários aspectos da vida externa e/ou interna. O médium que é ciente da imensidade das coisas que desconhece é sempre receptivo à renovação.

Aceitamos mudar quando notamos nossa falta de habilidade em tratar a nós mesmos e aos outros; quando admitimos ter uma tendência a subestimar ou superestimar tudo; quando percebemos o quanto nossa consciência é fechada; e quando reconhecemos nossa impotência e falibilidade diante da existência.

Allan Kardec registrou de seus instrutores e informantes espirituais, nas questões 115 ("Entre os Espíritos, alguns foram criados bons e outros maus?") e 120 ("Todos os Espíritos passam pela fieira do mal para alcançar o bem?"), respectivamente, de "O Livro dos Espíritos", as seguintes orientações: "Deus criou todos os Espíritos simples e ignorantes, quer dizer, sem ciência" e "Não pela fieira do mal, mas pela da ignorância".

A grande maioria das criaturas encarnadas na Terra são almas que ignoram suas potencialidades divinas; não são más por natureza, mas estão conhecendo e/ou aprendendo através das vidas sucessivas; portanto, ainda não sabem agir de forma adequada ou julgar as coisas corretamente. Desconhecem sua perfectibilidade – qualidade daqueles que são suscetíveis de atingir a perfeição.

Por isso, desacertos fazem parte de nosso processo evolutivo, pois ninguém neste mundo consegue aprender e crescer sem equivocar-se.

Experiências felizes ou infelizes são passos valiosos em nossa existência, desde que percebamos o quanto elas nos têm para ensinar ou mostrar.

Todos temos o direito de escolher o que vamos fazer com as lições que a vida nos oferece. Mas, sem dúvida, se recusarmos o desafio de compreendê-las e assimilá-las, essas mesmas lições voltarão revestidas em novas embalagens.

Só não erra jamais quem nunca fez ou nada tentou. O que se julga perfeito não está aberto para a mudança ou aprendizagem, porquanto a verdadeira sabedoria exibe a humildade de aceitarmos o que não conhecemos. A casa mental daquele que se julga "infalível" pode ser comparada a um espaço que já está completamente ocupado; nada nela pode ser acrescentado. Aliás, apenas quando retiramos o velho ou o desnecessário é que criamos um espaço vazio para o necessário ou o novo.

Para promovermos mudanças não necessitamos procurar novas paragens, e sim possuir novos olhos.

Jesus Cristo entendia perfeitamente o âmago das criaturas, o que o levou a afirmar: "Todo aquele que meu Pai me der virá a mim, e quem vem a mim eu não o rejeitarei (...)" [2]

O Mestre nunca desprezou quem quer que fosse; sempre acolhia, entendia, valorizava, consolava e encorajava a todos. Jamais puniu as atitudes equivocadas das criaturas, antes as compreendia por saber da fragilidade e falibilidade dos seres humanos. Via os erros como uma forma de aprendizagem, de retificação e de possibilidade de futura transformação interior. Não os entendia como objetos de condenação, mas como um mal-entendido ou erros de interpretação; consequências naturais da fase evolutiva pela qual a humanidade estava passando.

Os médiuns que vêm às reuniões de estudo "(...) com uma tola presunção de infalibilidade (...)" são resistentes aos ritmos sublimes da renovação ou da mudança. Em verdade, nutrem um senso inflado de valores imaginários e uma postura excessivamente melindrada, por se julgarem possuidores de uma opinião sempre certa. São eminentemente refratários a tudo que é novo.

Na realidade, quem se permite mudar pode ficar, inicialmente, numa situação desconfortável, visto que poderá ficar exposto a algo com que não contava ou que não havia percebido. O que acontece é que, quando alteramos o nosso "status quo" – estado em que nos achávamos anteriormente em relação a certa questão, conceito ou ponto de vista –, modificamos nossa antiga maneira de interpretar, entender, expressar e dar sentido e importância às coisas. A partir disso, nossas zonas de estabilidade ficam temporariamente ameaçadas; nosso jeito anterior de ser e ver não funciona mais. Tudo isso acarreta uma batalha interna que gera desconfiança, medo e insegurança, até que nos reestruturemos novamente.

O cárcere da inteligência é um dos maiores entraves para "os médiuns de efeitos intelectuais".[3]

A propensão à infalibilidade, o rigor contra as mudanças e as amarras da auto-suficiência infectam a casa mental dos sensitivos, obstruindo-lhes a arte de pensar e discernir. Do mesmo modo, dificulta uma efetiva ligação com o Plano Superior. Lembremo-nos de que na "escola da vida" somos eternos aprendizes.

A fraqueza, gerada pelo orgulho, em não confessar que erramos ou que não sabemos leva-nos a cometer muitos desatinos, tanto nas atividades mediúnicas como em todas as áreas do relacionamento humano. É imatura e espiritualmente ingênua a criatura que pensa que nunca tem nada a aprender com as experiências alheias.

---

[1] Frase inscrita no dólmen construído sobre o túmulo de Allan Kardec cemitério de Père-Lachaise, em Paris.

[2] João, 6:37.

[3] *O Livro dos Médiuns* - 2ª Parte - cap. XVI, item 187.

VOCAÇÃO, NÃO OBRIGAÇÃO

"(...) ao lado da aptidão do Espírito, há a do médium que é para ele um instrumento mais ou menos cômodo, mais ou menos flexível, e no qual descobre qualidades particulares que não podemos apreciar (...)"
"(...) Um músico muito hábil tem sob as mãos vários violinos que, para o vulgo, seriam todos bons instrumentos, mas entre os quais o artista consumado faz uma grande diferença; neles percebe nuanças de uma delicadeza extrema, que o farão escolher a uns e rejeitar a outros (...)"
(2ª Parte - cap. XVI, item 185.)

A mediunidade é fenômeno inerente ao processo evolutivo; faz parte da condição natural de todos os seres humanos. Não se pode impedi-la, pois seu desenvolvimento vai continuar independentemente de nossos medos, ilusões e incredulidade. Considerada uma aptidão ontogenética do organismo humano, prossegue de forma dinâmica e automática através das vidas sucessivas.

A mediunidade está intimamente ligada à vocação, aptidão, realização, criatividade, espontaneidade, e desvinculada por completo de qualquer obrigação ou pressão auto-imposta.

O termo "desenvolvimento" tem relação etimológica com alguma coisa existente num invólucro e que precisa ser desenrolada ou aberta. Em vista disso, concluímos que a faculdade psíquica está em germe e se manifestará, no tempo oportuno, de dentro para fora. Com esta visão mais lúcida do assunto, percebemos a estreita ligação dela com uma "potencialidade/vocação" humana, e não com encargos ou incumbências externas.

A vocação é para o homem o que o perfume é para a flor. O que mata o talento, na maioria da vezes, são as regras autoritárias de conduta, pois todos somos convocados a viver com naturalidade.

Apesar da tendência íntima dos indivíduos de viver em grupo, isto é, em sociedade, há neles uma natureza individual e uma necessidade peculiar de seguir seu próprio caminho. Vocação é ouvir a voz da própria alma.

A criatura que percebeu sua tendência descobriu, na verdade, seus talentos – propriedades inatas nos seres humanos e que fazem parte de sua natureza divina.

Na Idade Média, a Igreja considerava incompreensível e misterioso o livro da Natureza[1], substituindo-o pelas bulas pontificiais, ou seja, o "livro das infalibilidades". Neste último, compuseram suas ideias e pensamentos com causas e fins predeterminados, acreditando reinar num mundo situado no centro do cosmos e lançando suas raízes de poder durante muitos séculos.

Esse pensamento religioso criou uma espécie de "intermediários divinos" entre os Céus e a Terra, isto é, entre a sociedade e as forças supostamente sobrenaturais. Eram forças naturais, mas, por serem inexplicáveis, eram denominadas sobrenaturais e/ou antinaturais, milagrosas.

Esses "intermediários" autodenominavam-se "senhores privilegiados", convencendo as pessoas de que elas precisavam de guias ou sacerdotes para ser conduzidas seguramente pelos verdadeiros caminhos da vida plena.

Na atualidade, os Espíritos Superiores afirmam que as leis divinas ou naturais estão escritas no livro da Natureza, que elas se encontram na consciência de todas as criaturas e que podemos conhecê-las perfeitamente, procurando-as em nossa própria intimidade.[2]

O Espiritismo nos ensina que somos guias e sacerdotes de nós mesmos e que nosso templo consagrado é nosso mundo íntimo, libertando-nos, assim, de toda subjugação, separação ou desigualdade que possa ter sido criada no passado.

A Natureza é um livro sagrado. Quem a usar de forma profana certamente dela se apartará. Afastar-se da Natureza é afastar-se de si próprio. Se abusarmos dela, destruiremos a fonte de manutenção de nossa própria existência, porque também somos Natureza.

Não devemos forçar a eclosão das faculdades extra-sensoriais. Mas podemos oferecer condições apropriadas para que venham a aflorar de forma espontânea e equilibrada.

Obrigação pode ser conceituado como tudo aquilo que nos é imposto ou forçado. Obrigar-se a algo ou a alguém implica ser governado pela expressão ilusória "deveria".

"Devo desenvolver a mediunidade" equivale a dizer "não quero, mas sou obrigado a desenvolver". Não somos obrigados a nada!

Mesmo quando realizamos algo significativo, se somente pensarmos nele como compromisso ou trabalho, sem o necessário gosto e motivação, alguma coisa estará errada conosco. Por mais que concretizemos feitos edificantes envolvidos por motivos sinceros, se sua realização não for feita com prazer/vocação, sentiremos mais esforço e imposição do que felicidade e conforto. Ninguém deve viver e trabalhar sem contentamento.

Deus não dá encargos e incumbências às criaturas, mas coloca nelas vocações ou predisposições inatas. Os dons espirituais são capacidades próprias ou peculiares da alma. Vocação é um talento a ser exercido de uma forma exclusivamente nossa. A maneira como identificamos ou entendemos as nossas forças psíquicas determinará a produção mediúnica que teremos.

Os Espíritos Superiores definem os fenômenos extra-sensoriais como resultado de uma faculdade comum do Espírito, quando dizem: "(...) ao lado da aptidão do Espírito, há a do médium que é para ele um instrumento mais ou menos cômodo, mais ou menos flexível, e no qual descobre qualidades particulares que não podemos apreciar".

Mediunidade é uma potencialidade humana que pode ser comparada a um "instrumento de cordas" oculto dentro de nós. As melodias que dele provêm, em muitas ocasiões, passam despercebidas de nosso entendimento consciente. "Um músico muito hábil tem sob as mãos vários violinos que, para o vulgo, seriam todos bons instrumentos, mas entre os quais o artista consumado faz uma grande diferença; neles percebe nuanças de uma delicadeza extrema, que o farão escolher a uns e rejeitar a outros (...)".

A mediunidade se transforma em crescimento e amadurecimento espiritual quando for exercida com prazer e compreendida em termos de espontaneidade e predisposição natural.

---

[1] "O Livro dos Espíritos" - questão 626.
[2] "O Livro dos Espíritos" - questões 621 e 626.

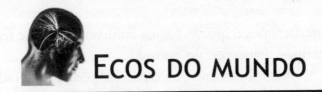

ECOS DO MUNDO

"A transmissão do pensamento ocorre também por intermédio do Espírito do médium, ou melhor, de sua alma, uma vez que designamos sob esse nome o Espírito encarnado. O Espírito estranho, neste caso, não atua sobre a mão para fazê-la escrever; não a toma, não a guia; ele age sobre a alma, com a qual se identifica."
(2ª Parte - cap. XV, item 180.)

A proposta de Sócrates – "Conhece-te a ti mesmo" – pode ser comparada simbolicamente com a "pedra filosofal" [1], que ilumina e transforma nosso mundo íntimo para que tomemos consciência de nossos sentimentos e emoções no exato momento em que eles ocorrerem.

Na França do século XVII, afirmava Blaise Pascal: "À medida que temos mais luz, mais grandeza e baixeza descobrimos no homem".

O autoconhecimento proporciona ao indivíduo uma consciência auto-reflexiva. A mente consegue supervisionar as reações, identificando e nomeando as emoções despertadas.

À primeira vista, pode parecer que nossas sensações não requeiram esclarecimento, por nos parecerem demasiadamente claras e evidentes; porém, se fizermos uma reflexão mais acurada, perceberemos o quanto fomos indiferentes ao que realmente sentimos diante do fato ocorrido.

A autoconsciência é a capacidade de registrar tudo o que está sendo vivenciado. Ao discernirmos a emoção manifestada, damos o primeiro passo para o autocontrole emocional e, em virtude disso, quando entrarmos num estado negativo, não ficaremos nele demoradamente, remoendo-o, mas sairemos dessa situação de modo mais rápido. Em síntese, a compreensão nos ajuda a administrar nossas emoções.

Existe uma enorme distância entre "estar consciente" das sensações e "querer afastá-las". Por exemplo: ao dizermos "não devo sentir isso", estamos evitando nosso "sentir". Quando, de forma sincera, nos perguntarmos: "o que realmente estou sentindo?", aí, sim, iniciaremos o processo da autoconsciência – a compreensão de nossas sensações íntimas.

"Estar ciente" de nosso estado de espírito não é possuir uma atenção julgadora e punitiva de nossos estados mais profundos, querendo nos livrar deles ou tentando mudá-los de modo impulsivo, mas fazer uma observação equânime dos sentimentos desordenados ou agitados.

No melhor de si, o entendimento dos sentidos nos leva a um maior grau de liberdade ou de livre escolha; em suma, uma opção de agir baseada em nossos sentimentos e emoções, conforme nos convier.

À medida que um indivíduo não admite ou não reconhece o que ocorre em seu campo sensório, ele se torna um "mau intérprete" de si mesmo e, como consequência, não consegue traduzir com clareza o que sentem as inteligências (encarnadas ou não) que com ele convivem.

Como "a transmissão do pensamento ocorre também

por intermédio do Espírito do médium, ou melhor, de sua alma (...)", se a recepção das ondas mentais for inadequada, a mensagem pode perder sua autenticidade.

Se ele não registra a totalidade de sua vida emocional, isto é, não a "incorpora" a si mesmo, como irá reproduzir um outro pensamento ou ideia sem prejudicar a pureza das impressões transmitidas? No entanto, se for autoconscientizado, estará em sintonia com o campo magnético à sua volta, porque compreendeu que essa área energética exercerá influência sobre ele próprio e produzirá um fluxo que facilitará suas comunicações interpessoais e, igualmente, aquelas com as dimensões invisíveis da Vida.

Nossos sentimentos e emoções sempre estão nos dizendo sobre nossas necessidades e relações (físicas ou transcendentais) com os outros. Sensações devem ser incorporadas ou integradas; aceitá-las não quer dizer que devamos agir de acordo com elas, mas, simplesmente, que nós as percebemos como realmente são. As três etapas: conscientização, aceitação e reflexão fazem parte de um processo que proporciona saúde mental e/ou espiritual.

As criaturas denominadas ecos do mundo são aquelas que estão na Terra à mercê de tudo o que as rodeia. Estão envolvidas, inconscientemente, por coisas, pessoas, situações e fatos, como folhas perdidas ao vento na imensidão de uma planície. Elas desconhecem as raízes de suas reações emocionais e ignoram as energias que chegam em seu campo sensório.

O ser autoconsciente não é apenas aquele que é suscetível às sensações agradáveis e refrescantes, ou àquelas que o envolvem numa atmosfera de calor e mal-estar quando alguém dele se aproxima. Tampouco é aquele que registra os efeitos de energia na pele, ou seja, os toques de sua "aura" com outras "auras". Arrepios são subprodutos de uma força energética que atinge os plexos nervosos, provocando uma irradiação pela superfície cutânea.

Para adquirirmos uma autoconsciência plenificadora, é preciso, acima de tudo, aprendermos a interagir em todo o nosso campo sensorial, percebendo o que as emoções querem nos dizer ou mostrar.

A mente e a alma estão interligadas. A expressividade de uma pessoa é determinada pelo seu nível energético, ou melhor, pela quantidade de energia que ela possui e pelo seu grau de entendimento em relação a essas mesmas energias.

Os indivíduos que não falam e não se conduzem de acordo com suas próprias sensações energéticas quase sempre são inexpressivos. Não são "espirituosos"; em outras palavras, não se utilizam de seu espírito para agir. São considerados reflexos do mundo ou vozes ao léu. Cada um de nós deve assumir o comando da própria casa mental.

Nesse caso, o envolvimento fluídico assume vários aspectos. A pessoa se torna "médium" do que os outros querem que ela diga e faça. Ela diz: "não sei o que se passa comigo; tenho mudanças radicais e instáveis de comportamento, quase não me reconheço".

Na verdade, não é ela quem está vivendo, e sim quem vive e move seus sentimentos e reações – os inúmeros eus que a dirigem e influenciam espiritualmente.

Nem sempre a criatura é convertida em objeto pelos outros; frequentemente, ela mesma se faz objeto de uso da esfera invisível.

Se nós não conhecermos o elemento responsável pelos nossos conflitos, como poderemos nos livrar deles?

É evidente que quase sempre não reconhecemos a nós

mesmos como os responsáveis pelas nossas dificuldades, e tratamos sempre de pôr a culpa nos outros.

O conhecimento do que somos é a nossa mais importante missão na Terra. O autoconhecimento nos deixa mais sintonizados com os sinais sutis dos mundos interno e externo, além de nos indicar os melhores caminhos para interagir harmonicamente com os outros, sem nos deixar à mercê das influências deles.

Nota do autor espiritual: [1] "Pedra filosofal" – substância lendária procurada insistentemente pelos alquimistas medievais, porque se acreditava que ela possuía a capacidade de transformar em ouro os mais vis dos metais.

CLAREZA DE PENSAMENTO

> *"Os Espíritos superiores se exprimem de maneira simples, sem prolixidade; seu estilo é conciso, sem excluir a poesia de ideias e de expressões, claro, inteligível para todos, e não exige esforço para ser compreendido; têm a arte de dizerem muitas coisas com poucas palavras, porque cada palavra tem sua importância."*
> **(2ª Parte - cap. XXIV, item 267-9º.)**

Terão verdadeiramente clareza de pensamento aqueles que tratarem as "coisas simples" com a merecida importância, e as "coisas importantes" com a devida simplicidade.

Entre os inúmeros pensamentos iluminados de Blaise Pascal – matemático, filósofo e escritor francês do século XVII –, destacamos: "A eloquência é a arte de dizer as coisas de tal maneira que aqueles a quem se fala possam entendê-las sem esforço, cansaço, nem dificuldade, antes com interesse e prazer suficientes para que o amor-próprio os leve de boa vontade a refletir sobre elas".

Em psicologia, "compensação" é um mecanismo de ajustamento ou de defesa que leva o indivíduo a desenvolver certas potencialidades para suprir suas supostas deficiências. É um modo prático de purificar estímulos indesejáveis. Por exemplo:

o pressuposto de se sentir sujo se transforma num excesso de limpeza. Um impulso de raiva pode emergir de nossa intimidade e ser forjado por uma atitude de extremada tolerância ou afabilidade. Uma criatura que cultiva um caráter de "certeza absoluta" passa a ter, imperceptivelmente, um "comportamento dogmático", por causa de incertezas quanto à sua dignidade. Ou mesmo, um "pudor exagerado" é quase sempre uma compensação para refrear desejos sexuais naturais. Assim também, uma atitude de preocupação desmedida pela saúde de um parente poderá estar compensando um desejo inconsciente de se liberar da responsabilidade com esse mesmo familiar.

Obviamente, não podemos suspeitar de toda boa inclinação como um disfarce psicológico. Estamos apenas nos referindo aos comportamentos de reação exasperada e de tendências que ultrapassam os limites da normalidade.

Muitas criaturas acreditam que, para expressarem as mensagens espirituais, grafadas ou verbalizadas, seria preciso recheá-las de frases empoladas acrescidas de pomposo conhecimento ou literatura exibicionista. Talvez estejam só compensando sua auto-imagem inferiorizada ou um sentimento de baixa auto-estima. O desejo de auto-afirmação pode aparecer em forma de uma busca continuada de aprovação dos outros.

O meio mais fácil de reconhecer a verdadeira identidade dos Espíritos, ligados ou não na matéria densa, é pela "arte de dizerem muitas coisas com poucas palavras, porque cada palavra tem sua importância".

Eles são sintéticos, ou seja, formulam uma operação intelectual agrupando fatos em um todo harmonioso, lógico, estruturado e homogêneo, resumindo-os numa visão total e abrangente. E se expressam com clareza de pensamento e de forma segura.

No mundo físico, tanto como no mundo astral, as criaturas que pensam claramente desenvolveram a harmonia interior ou a ordem mental. Elas sabem que, enquanto o "eu superficial" não for colocado no lugar que lhe compete, o "eu essência" não poderá iluminar o verdadeiro caminho para a vida plena. Aliás, só quando elaborarmos a ordem mental é que conquistaremos a harmonia da alma.

"Os Espíritos inferiores, ou falsos sábios, escondem sob a presunção e a ênfase o vazio dos pensamentos. Sua linguagem, frequentemente, é pretensiosa, ridícula, ou obscura à força de querer parecer profunda". [1]

Os sábios se comunicam com sabedoria e simplicidade, são realistas, determinados e decididos. Os pseudo-sábios falam com ostentação e pedantismo, são tediosos, repetitivos e difusos. Querem parecer importantes aos olhos dos outros para preencherem o vazio que sentem em seu íntimo, ou para compensarem seu complexo de inferioridade ou determinados desejos frustrados.

No mundo espiritual, há várias moradas e uma multidão de seres com diversos níveis de consciência. Algumas moradas são coexistentes com a Terra. Indivíduos que buscam compensação em uma profunda sensação de querer ser visto, ouvido, apreciado, sintonizam com criaturas desencarnadas que cultivam essa mesma necessidade de atenção. Estabelecem um ajuste vibracional com aqueles que possuem um "perfil de maturidade" igual ao seu, produzindo e combinando fluidos semelhantes, criando, assim, elos de idêntica natureza.

Um auto-exame nos permitirá tocar mais fundo em nossa essência, possibilitando uma compreensão acurada de nossos problemas existenciais.

O segredo da libertação de todos os males está na auto-descoberta e na aceitação de si mesmo. Quanto mais evitarmos olhar para nossas facetas desajustadas, compensando-as ilusoriamente ou projetando-as nas coisas ou nas pessoas, mais nos distanciaremos da paz. E uma satisfação precária e temporária nos acompanhará.

A evolução a que a Doutrina Espírita se refere acontece em consequência da mudança interior. A clareza de pensamento aparece no decorrer do processo de amadurecimento e crescimento espiritual, conduzindo-nos à compreensão de que toda deficiência precisa ser corajosamente aceita e entendida, para poder ser mudada.

---

[1] O Livro dos Médiuns - 2ª Parte - cap. XXIV, item 267-9º.

Estilo de
Personalidade

"A primeira condição, sem contradita, é assegurar-se da fonte de onde elas (comunicações espirituais) emanam, quer dizer, das qualidades do Espírito que as transmite; mas não é menos necessário ter em vista as qualidades do instrumento que se dá ao Espírito; é preciso, pois, estudar a natureza do médium, como se estuda a natureza do Espírito, porque são os dois elementos essenciais para se obter um resultado satisfatório."

(2ª Parte - cap. XVI, item 186.)

Todo ser humano forja sua personalidade como indivíduo na fase infantil, através de um desenvolvimento lento e gradativo de aprendizagem. Todas as suas manifestações de progresso biopsicossocial são o resultado das experiências presentes somadas às das vidas passadas. Eis o porquê de existirem nas crianças um cabedal de capacidades e habilidades inteiramente originais e exclusivas.

Muitos pais julgam que o filho deve ser direcionado à força para determinados ensinos e atitudes; ser moldado compulsoriamente, como se não trouxesse nenhuma bagagem espiritual – tendências, gostos e vocações –, e que sua finalidade essencial deveria ser imitar os adultos e aceitá-los como modelo exclusivo de padrão existencial.

É certo que, no período da infância, os filhos imitam os pais e desejam insistentemente fazê-lo. No entanto, eles almejam de alguma forma desenvolver sua personalidade dentro da própria visão de independência e de libertação da tutela da família. Progressivamente, eles querem aprender a fazer tudo por si mesmos.

A criança observa, tenta reproduzir, engana-se e confunde-se, mas tenta novamente e, assim, prossegue por muito tempo. Ela erra, porém aprende. Por isso, é necessário que as opiniões, auxílios ou sugestões dos pais devam ser dados durante os equívocos ou desacertos, e não simplesmente ordenados por eles à força, "só porque são pais". A curiosidade e a manipulação – pegar, mexer, desfazer, reconstruir, apalpar – são importantíssimas para os menores. Com toda essa atividade, eles estarão compreendendo, selecionando, memorizando e raciocinando. É entrando em contato com o mundo externo que se expande a capacidade mental e emocional.

O aplauso ou o elogio do adulto funciona como fundamental estímulo para a criança. Não estamos nos referindo ao elogio excessivo, que poderá prejudicar a formação da personalidade infantil, despertando nela desmedida valorização e exaltada confiança em seus potenciais interiores.

Elogio sincero e merecido, além de realçar o valor do que foi feito, torna-se fator de encorajamento, dedicação, segurança e força de vontade. Ao contrário, as relações adulto/criança à base de ameaças e medo acarretam consequências desastrosas nos futuros relacionamentos sociais das crianças.

Infelizmente, muitos pais exercem, de forma tirânica, sua autoridade sobre os filhos. São demasiadamente severos e exigentes, causando sensação de inferioridade no núcleo familiar.

Suas necessidades de mando e dominação são absurdas, confusas e prepotentes para os que vivenciam o mundo infantil.

Na idade madura, essas crianças desenvolvem um "estilo de personalidade" sedimentado na insegurança e envolvido em aura de "nunca estar agradando ou satisfazendo". Carregam, inconscientemente, uma sensação inexplicável de submissão e de inadequação. Revelam comportamento tímido e, sem motivo algum, justificam-se e desculpam-se de tudo. Criaram uma mentalidade acanhada e medrosa, vivendo na dependência do que os outros pensam a seu respeito e buscando a aprovação e os elogios que não tiveram na infância.

As necessidades de amor, entusiasmo e confiança em si mesmas, não satisfeitas no passado, fazem com que hoje outros tenham controle sobre elas. Precisam desesperadamente da aprovação alheia para compensar as carências de seu mundo íntimo.

"(...) é preciso, pois, estudar a natureza do médium, como se estuda a natureza do Espírito, porque são os dois elementos essenciais para se obter um resultado satisfatório."

Em resumo, o adulto que vivenciou na infância um regime de disciplina severa e de insuportável prepotência por parte de parentes pode desenvolver uma personalidade de "excessiva solicitude", zelo e cuidado, buscando constante aprovação dos outros. Se for médium, poderemos encontrar na natureza de suas comunicações traços de comportamento passivo e inseguro, de individualidade malformada, comunicações essas de "resultado insatisfatório". Como ele necessita de apoio generalizado, quase sempre não consegue auscultar as novas interpretações e ideias renovadoras dos bons Espíritos. Por ter medo de que as pessoas o deixem, caso desaprovem suas mensagens mediúnicas, ele não consegue registrar a luz que a Espiritualidade quer lançar sobre a realidade das coisas.

Os Espíritos Superiores têm como objetivo o "pensar filosófico" sobre a imortalidade das almas. Em outras palavras, a intenção de levar às criaturas, cada vez mais, uma forma de pensamento capaz de iluminá-las interiormente acerca do sentido principal da existência.

Quem possui um "estilo de personalidade" de servilismo e dependência não se permite "correr riscos". Seu sentimento é equivalente a: "sei que tenho muito medo de ser condenado, mas, para que vocês gostem de mim, não posso sair do lugar-comum". É obvio que não temos que nos entregar a precipitações ou a riscos impensados, nem abandonar os roteiros seguros da Doutrina Espírita, mas abolir o receio da desaprovação e a compulsão de agradar a todos.

Se ficarmos ligados com a crítica e a rejeição das pessoas, estaremos atraindo suas piores vibrações e absorvendo, para nosso campo magnético, tudo o que elas sentem a nosso respeito; e isso não nos é saudável energeticamente.

O Mestre, conquanto asseverasse que para viver precisamos amar e respeitar uns aos outros, jamais teve receio da desaprovação alheia, pois sabia que a aceitação por parte dos outros é variável e oscilante. Se assim não se comportasse, não teríamos na atualidade sua mensagem inovadora.

"O que vos digo às escuras, dizei-o à luz do dia; o que vos é dito aos ouvidos, proclamai-o sobre os telhados." [1]

Basta analisarmos de maneira minuciosa o Novo Testamento e identificaremos Jesus Cristo falando abertamente, sem medo de correr riscos e revelando-se uma criatura extremamente livre e autoconfiante.

O Mestre sabia que a condenação de seus ensinos, na boca das grandes multidões, seria natural e compreensível, e que o elogio em seus lábios seria surpreendente e causaria estranheza. Aproveitando a sublime afirmativa do "Senhor de Si Mesmo", repetimos: "quem tiver ouvidos de ouvir, ouça". [2]

[1] Mateus, 10:27.
[2] Mateus, 11:15.

AUTO-OBSESSÃO

"Mas é necessário evitar atribuir à ação direta dos Espíritos todas as nossas contrariedades, que, em geral, são consequências da nossa própria incúria ou imprevidência."

(2ª Parte - cap. XXIII, item 253.)

A influência obsessiva da alma sobre si mesma denomina-se auto-obsessão. A criatura passa a ser "a opressora de si própria"; há um verdadeiro "campo de batalha" em seu mundo interior, provocando alterações de comportamento físico, emocional e mental.

Ao pensar, através de seu centro mental, ela irradia vibrações ou ondas que se propagam ao seu derredor. A mente emite e, ao mesmo tempo, capta qualquer onda energética que a atinja, desde que esteja vibrando na mesma sintonia espiritual de outra fonte emissora. Cada pessoa plasma os reflexos de si mesma e, por onde passa, entra em comunhão com a matéria mental alheia, exteriorizando o seu melhor lado, ou mesmo, criando perturbação ou desajustamento. Em síntese: somos nós mesmos que ligamos ou desligamos o fio condutor de nossos sentimentos e pensamentos.

A projeção mental se vincula, perpetua-se e se justapõe, ou se desata, distancia-se e se inibe, dependendo da força da determinação e do grau de conhecimento, isto é, do potencial evolutivo do indivíduo. Dessa forma, as almas em desarmonia íntima são semelhantes a um ímã: atraem para si forças destrutivas que lhes assinalam o âmago, projetando teias enfermiças através de sua atmosfera psíquica ou de sua aura doentia.

Geralmente, a auto-obsessão vem acompanhada de sentimentos de culpa, de autocensura, de recriminação, de complexos de inferioridade e de irresponsabilidade pelo próprio destino. Esses sentimentos desagradáveis resultam, incondicionalmente, de ideias ou crenças inadequadas e inconscientes que distorcem o real significado de bondade, de pureza, de honestidade, de castidade, de retidão, de evolução, de religiosidade e de outros tantos conceitos ou definições.

A criatura passa a ser "vítima do destino" e, tal é a apatia e passividade que a envolve, que ela se julga imperfeita e impotente, ignorando sua possibilidade de mudar ou de utilizar seu livre-arbítrio. Os auto-obsediados sentem-se tratados de forma injusta pela vida, ressaltando negativamente o modo de ser das pessoas, das coisas e de si mesmos.

São facilmente influenciados e se asfixiam constantemente com as "sujeiras do mundo". Por terem uma aura de negatividade, atraem "larvas astrais" que desarranjam o reino interior.

Aquele que se encontra em auto-obsessão experimenta um modo de viver complicado ou embaraçado. Tem dificuldade de analisar, discernir e sentir a vida tal como ela é, pois lhe falta a "visão sistêmica" da existência humana. Ele carece da síntese das experiências vividas, pois seu pensamento analítico fica obstruído.

Quando nos conscientizamos de nossos processos mentais,

passamos a clarear nosso mundo interior e a administrar nossas atitudes psíquicas. A partir disso, resgatamos o "senso pluridimensional" de almas imortais.

A faculdade de raciocinar faz com que percebamos a proporção de nossas dificuldades, a dimensão e extensão de nossos problemas e conflitos existenciais.

Por isso, é importante tomar consciência do quanto ignoramos a vida dentro e fora de nós. Sobretudo quando o fato de ignorar nos leva à humildade, por admitirmos o quanto não sabemos, como também nos incentiva na busca do aprendizado e da sabedoria.

Platão, filósofo grego, discípulo de Sócrates e mestre de Aristóteles, escreveu: "As pessoas ignorantes não procuram sabedoria. O mal da ignorância está no fato de que aqueles que não são bons nem sábios estão, apesar disso, satisfeitos consigo mesmos. Não desejam aquilo de que não sentem falta".

Os dicionários definem auto-ilusão como um engano dos sentidos ou da mente, que faz com que interpretemos de forma errada uma atitude, um fato ou uma sensação, tomando-os por coisas completamente diferentes.

O estudo de nós mesmos nos ajuda a escapar do intrincado labirinto no qual vivemos e nos permite desenvolver nossas habilidades adormecidas, facilitando-nos, assim, entrar em contato com a sabedoria da Vida Providencial, que tudo governa através de suas leis naturais.

A auto-obsessão está vinculada aos processos de elaboração do mundo íntimo, podendo acarretar sérios distúrbios no corpo astral e, consequentemente, na roupagem física.

Quanto mais ignorarmos o processo das leis divinas, cultivando mágoa, culpa, crítica, baixa auto-estima, ilusão, dependência e outras tantas "dores da alma", mais estaremos semeando farpas magnéticas no campo emotivo e intoxicando, por conta própria, a nossa atividade mental.

Para nos libertarmos das prisões da auto-obsessão, é necessário exercitarmos a auto-observação e aprendermos a testemunhar nossos próprios pensamentos, emoções, atos e atitudes. Mais ainda, é preciso desenvolvermos uma visão interior que não acusa nem julga, mas unicamente observa, de maneira imparcial e objetiva, permitindo-nos conhecer a verdade tal como é.

Além disso, é imprescindível aquietarmo-nos numa aceitação serena e honesta, admitindo o que somos e o que sentimos, sem jamais nos condenarmos ou punirmos. A auto-aceitação nos facilita a conscientização de nossos desacertos e de nossa ignorância e, se essa conscientização for progressiva e constante, aí descobriremos dentro de nós as fontes que nos perturbam a existência.

Assumindo a responsabilidade total por nosso desequilíbrio, não passamos mais a "atribuir à ação direta dos Espíritos todas as nossas contrariedades, que, em geral, são consequência da nossa própria incúria ou imprevidência", nem tampouco a lançar culpa nos outros – na família, nas pessoas com quem convivemos, nas existências do passado ou nas regras injustas da sociedade. A rigor, aqui está o início da cura de toda auto-obsessão.

PONTE PARA
A SANIDADE

> *"A faculdade mediúnica é indício de um estado patológico qualquer, ou simplesmente anormal?*
> *Algumas vezes anormal, mas não patológico; há médiuns de uma saúde vigorosa; os que são doentes, o são por outras causas."*
>
> **(2ª Parte - cap. XVIII, item 221-1º.)**

Na Antiguidade, a cura das doenças era assunto dos sacerdotes e, portanto, da religião. Os médicos do clero tratavam os doentes por meio de rituais e cantos mágicos em santuários enormes. A enfermidade era considerada como a cólera de Deus, e os religiosos atuavam como intermediários ou "pontes" entre a Divindade e os homens. Operavam como "pontífices", ou seja, "construtores de pontes" (do latim "pontifex", palavra para designar sacerdote). Há muito tempo a tradição católica presta homenagem ao Papa, conferindo-lhe o título de Sumo Pontífice.

No passado, as enfermidades eram vinculadas à culpa, isto é, aos pecados. O arrependimento dos erros estava intimamente ligado à cura do doente; a penitência reconciliava a criatura novamente com Deus.

Como os médiuns, na atualidade, são denominados "intermediários" ou "pontes" entre o mundo físico e o espiritual, e a mediunidade é vista, muitas vezes e de forma confusa, como "dádiva sagrada" ou "corretivo divino", isso pode levar as criaturas a tirar conclusões equivocadas.

Todos nós somos herdeiros de inúmeras experiências do pretérito. Encontram-se impressos em nossos painéis do inconsciente profundo ideias e conceitos incorretos, remanescentes do passado distante, depositados desde tempos imemoriais em nosso arcabouço psicológico. É preciso renovarmos essas concepções inadequadas sobre a Espiritualidade, para melhor entendermos os mecanismos da Vida Providencial. Em muitas circunstâncias, interpretamos novos conhecimentos sem dissociar nossos velhos conceitos.

A capacidade mediúnica é considerada uma percepção inerente à estrutura psíquica das criaturas; por isso é que a encontramos nos mais diferentes níveis de consciência da humanidade. Ela não é moral, mas sim amoral. É simplesmente uma das funções psicofisiológicas do ser humano.

Em virtude disso, podemos enquadrá-la como um dos sentidos de que a alma se utiliza a fim de manifestar-se e desenvolver-se, gradativamente, para a plenitude da vida.

A faculdade medianímica não gera doenças. Ela não pode ser responsabilizada pelo estado patológico das criaturas; é, antes de tudo, uma excelente ferramenta para ajudá-las a despertar espiritualmente e a compreender a si mesmas, os outros seres e o Universo. Quando exercitada, porém, de modo impróprio pode trazer riscos às pessoas psicologicamente frágeis ou vulneráveis.

O fenômeno psíquico em si não produz a insanidade. No entanto, toda e qualquer faculdade, quando exercida de forma exaustiva e prolongada, pode conduzir à fadiga ou à enfermidade.

Uma pessoa tem em alto grau o dom de cantar e o utiliza, ou para glorificar as belezas da Terra, ou para exaltar canções obscenas. Mas, neste caso, sua voz não pode ser julgada imoral.

Os olhos, além de transmitir nossos sentimentos e intenções, também colhem as impressões e a disposição dos outros. Eles tanto expressam emoções puras e sadias, que nascem do coração, como também inveja e revolta, que exalam um brilho estranho de hipocrisia. Contudo, a visão não pode ser acusada de agente de falsidade ou desequilíbrio.

As mãos, quando empregadas na canalização da energia nuclear, podem iluminar e aquecer os lares; assim como podem explodi-los, se utilizadas indevidamente.

O sexo é um dos departamentos mais sublimes da natureza humana. Cria, através das emoções sexuais, as energias necessárias para a manutenção dos afetos e a materialização das formas. Há, porém, quem o utilize para a satisfação das sensações mais grosseiras e torpes. Isso, contudo, não lhe tira o mérito sublime para o qual foi criado.

É sempre a criatura que, servindo-se de seus sentidos, dá à sua existência um destino construtivo ou destrutivo. Nós é quem decidimos que fim vamos dar aos nossos recursos e possibilidades. Todavia, não podemos nos esquecer de que somos livres para escolher nossos atos e atitudes, mas prisioneiros de suas consequências.

Precisamos aprender a usar a mediunidade, assim como usamos normalmente as nossas capacidades humanas – a percepção, a atenção, o bom senso, a memória, o critério lógico, a linguagem, enfim todas as atividades do nosso reino interior.

Por sua vez, não é recomendável utilizar as faculdades psíquicas para explorar "outros mundos", até que tenhamos o pleno controle do mundo em que estamos vivendo aqui e agora. Desenvolver nosso "sexto sentido" não é um meio de resolver problemas comportamentais cuja solução está ao nosso alcance; de buscar auxílios imediatistas, de tirar proveitos pessoais, de conseguir respostas paliativas para problemas reais. Quando começamos a vivenciar experiências extra-sensoriais, é a hora urgente de intensificarmos a análise distintiva da realidade e da ilusão. Em muitas ocasiões, habilidades transcendentais quando mal elaboradas podem nos levar a ser "servos apaixonados", mas "discípulos distraídos".

A compreensão da faculdade mediúnica torna-se confusa e difícil para nós na medida em que também vemos os traços característicos de certas doenças mentais. Pois os sinais precursores da mediunidade podem eclodir e ser confundidos com os sintomas das deficiências fisiopsíquicas. Em razão disso, nem sempre se pode compreender com facilidade, ou ver com clareza, a distinção entre as manifestações mediúnicas, em seu início, e os estados doentios.

Mediunidade é um produto do processo de desenvolvimento da natureza humana. Médiuns não são "agraciados", nem "enfermos". São uma verdadeira "ponte para a sanidade". Podem, sim, tornar-se verdadeiros pontífices ("construtores de pontes") em busca da saúde integral – estado de consciência em harmonia plena com as leis naturais do Universo. Religando a si mesmos com a Fonte Divina, eles são capazes de preparar caminhos para que se estabeleça a cura real para a humanidade.

Diante dessas nossas considerações, finalizamos com a resposta dos Espíritos Superiores quando afirmam a Allan Kardec que o fenômeno mediúnico pode ser considerado "algumas vezes anormal, mas não patológico; há médiuns de uma saúde vigorosa; os que são doentes, o são por outras causas".

Defenda-se com
a auto-responsabilidade

"(...) O médium experimenta as sensações do estado no qual se encontra o Espírito que vem a ele. Quando o Espírito é feliz, é tranquilo, leve, sério; quando é infeliz, é agitado, febril, e essa agitação se transmite, naturalmente, ao sistema nervoso do médium (...)"
(2ª Parte - cap. XXIV, item 268 - 28º.)

Carl Gustav Jung desenvolveu a expressão "sombra" para denominar tudo aquilo que somos mas ignoramos ser. Esse termo, em psicologia, significa que tudo o que o homem não quer ser ou ver em si mesmo permanece oculto no seu inconsciente. É o "outro" lado de nós mesmos, o que se encontra no "mais escuro" de nossa alma. Da "sombra" igualmente fazem parte nossas capacidades em germe que, por algum motivo, ainda não puderam ser despertadas.

A "sombra" se compõe de nossos opostos não integrados, ou seja, quando rejeitamos nossa ambivalência – nossos aspectos radicalmente diferentes. Ao aceitarmos nossa condição de almas em evolução, assumindo os elementos naturais da estrutura humana, isto é, as duas polaridades da vida (claridade - escuridão;

intuição - razão; masculino - feminino; doçura - agressividade; humildade - orgulho; intelectual - manual; movimento - inércia), conseguiremos nos tornar seres unos ou plenos.

Ao evitarmos os extremos, faremos uma conexão entre os opostos. Sem compulsão e sem passividade, encontraremos o meio-termo, o equilíbrio. Enfim, ao abraçarmos nossa "sombra", conseguiremos a "unidade total".

A "sombra", no processo de integração, precisa ser reconhecida ou "posta em ordem", para que sua essência, por nós desconhecida, não seja desencadeada para fora, de modo incontrolável e insano. Necessitamos trazê-la gradativamente para a consciência, tendo presente que tudo o que se ignora e reprime é revivido num abrangente processo de "projeção".

A "projeção" – uma das técnicas de defesa do ego – acontece quando recusamos aceitar, ou não ver, o que está "dentro de nós". Tentamos nos livrar de nossas fraquezas, limitações, inseguranças, medos, atribuindo-os a alguma situação ou pessoa. Quanto mais enérgica e constante for a nossa manifestação de censura e descontentamento por determinada situação ou comportamento, maior a possibilidade de se tratar de "projeção". Na realidade, reprovamos ou criticamos veementemente nos outros aquilo que não podemos aceitar em nós.

Uma das importantes "recomendações terapêuticas" de Jesus Cristo é: "Nada há no exterior do homem que, penetrando nele, o possa tornar impuro; mas o que sai do homem, isso é o que o torna impuro. Se alguém tem ouvidos para ouvir, ouça!" [1]

"(...) mas o que sai do homem, isso é o que o torna impuro (...)" quer dizer: o que nos "torna impuro", nos macula é a nossa visão projetada; ela provém da soma de tudo aquilo que nós não percebemos e, portanto, não nos deixa vivenciar ou desenvolver nossa realidade interior.

Quando não estamos conscientizados dos diversos aspectos de que se compõe nossa "sombra", ela é projetada no exterior de forma imprevista e constante. Em síntese, tudo aquilo com que nos deparamos "fora" de nós é algo que procede de "dentro".

Certamente que "nada há no exterior do homem que, penetrando nele, o possa tornar impuro". Em outras palavras: o que nos prejudica ou nos faz mal não provém de fora, mas de nossa intimidade desconhecida e rejeitada, que é vivida na "projeção".

Somente quando avaliamos nosso "coeficiente evolutivo" e tomamos contato com nossas dificuldades e fragilidades existenciais, é que podemos iniciar nossa real tarefa de transformação íntima. Além do mais, só conseguimos modificar aquilo que admitimos e vemos claramente em nós mesmos.

Na coletividade em que o Mestre viveu, as mulheres, especificamente, receberam a um só tempo um massacrante processo coletivo de "projeção". Lançar aspectos da "sombra" sobre a mulher era motivo de primazia.

Em todas as etapas da humanidade, vamos encontrar as minorias, os considerados libidinosos, os adúlteros, os malfeitores e as prostitutas desempenhando um papel doloroso, pois a sociedade pode facilmente lançar-lhes, de forma indiscriminada, suas "projeções". As religiões ortodoxas controlam e conduzem os indivíduos, impondo-lhes a repressão e o comportamento contínuo de "projeção" e criando-lhes formas para que vivam numa espécie de "miopia existencial".

O Mestre, porém, exortava todos a não lançar a "sombra"

pessoal ou a coletiva através do mecanismo da "projeção", usando em várias passagens do Evangelho o termo "hipocrisia" para denominar essa atitude pessoal e pública dos judeus daquela época.

"Ai de vós, escribas e fariseus, hipócritas! Sois semelhantes a sepulcros caiados, que por fora parecem bonitos, mas por dentro estão cheios de ossos de mortos e de toda podridão. Assim também vós: por fora pareceis justos aos homens, mas por dentro estais cheios de hipocrisia e iniquidade." [2]

As criaturas que não podem admitir honestamente suas próprias tendências e desejos inadequados vivem distraídas na superfície das tarefas espirituais e nunca chamam realmente as coisas que sentem pelos seus "nomes verdadeiros".

O desequilíbrio exterior, em última análise, é sempre correspondente à nossa própria desarmonia interior, residindo em nós, portanto, a decisão de concretizar a renovação íntima e, dessa forma, restaurar igualmente a harmonia externa. Esse entendimento é o passo primordial para a nossa recuperação fisiopsíquica.

As pessoas que afirmam de modo conformista: "peguei" uma vibração negativa! é porque ainda não reconheceram a interligação entre os próprios sentimentos e os fatos que acontecem ao seu derredor. Aderem a um princípio de "vida determinista", onde encontram uma justificativa cômoda para evitar a auto-responsabilidade. Não se sentem responsáveis, porque desconhecem o nível de consciência com que atraem, emitem ou repelem as energias que os circundam, sempre pondo a culpa nas circunstâncias ou nos Espíritos, desencarnados ou não.

A existência vivida na consciência oferece mais segurança

e controle do que a vivida na inconsciência. A pessoa que aceita total responsabilidade por tudo que acontece em sua vida cria um mundo melhor para si e para todos aqueles com quem interage.

"Não sou responsável; estava fora de mim naquele exato momento", dizem alguns. Querendo ou não, somos nós que escolhemos nossas decisões e atitudes. Se dissociamos a causa do efeito de nossos atos, enfraquecemos cada vez mais o senso de ligação entre nós e os acontecimentos.

Ninguém simplesmente "pega" energias nocivas ou atrai Espíritos infelizes de modo casual. A Vida não é injusta. Temos o que merecemos. Não somos vítimas impotentes vivendo um destino impiedoso.

Em verdade, não é preciso que a entidade espiritual domine todo o "(...) sistema nervoso do médium (...)" para influenciá-lo; basta ligar-se, por meio de um tênue fio fluídico, em um dos seus plexos nervosos (emaranhado ou rede complexa de nervos no corpo físico), correlatos aos *chakras* no corpo astral, para ter o domínio das zonas sensitivas controladas por aquele centro de força.

O Espírito, consciente ou não, se liga ao indivíduo em sua "área frágil", a qual lhe oferece campo de atração. Esse "ponto fraco" é considerado como um pequeno "cisto destrutivo", que desorganiza emocionalmente a personalidade e, em razão disso, se estabelece o assédio. É justamente nesse ponto que ocorre o "choque vibratório".

Os indivíduos que registram em seu organismo sensações desagradáveis, que chegam mesmo a dores lancinantes, apenas sintonizaram com as atmosferas espirituais de lugares, fatos ou pessoas, razão por que devem ficar cientes de que são os únicos responsáveis pelo que estão sentindo ou vivendo. Sintonia é o estado em que se encontram duas pessoas que se acham numa mesma igualdade de emoção, ponto de vista, crença ou pensamento.

Ao rejeitarmos um sentimento, não quer dizer, de forma alguma, que ele vai desaparecer; só o excluímos da nossa identificação consciente. Pensamos que nos livramos dele, porém ele continuará a existir, alojando-se, de modo geral, em alguma área fragilizada de nosso corpo energético. Em virtude disso, começamos a lutar contra um princípio que parece vir de "fora", quando, na realidade, está alojado "dentro de nós".

O homem que não enxerga sua "sombra" prolonga a fase de viver na infantilidade espiritual. Permanece utilizando mal sua capacidade energética, atraindo impurezas ou emanações deletérias dos ambientes. Realiza constante "sucção fluídica", absorvendo ou recolhendo, sem que perceba, miasmas astrais.

Todos precisamos de momentos de silenciosa reflexão para entrarmos em contato com nosso "universo íntimo". Visualizemos alguém ou alguma situação de que realmente não gostamos. Deixemo-nos envolver pela emoção que sentimos em relação a tudo isso. A partir daí, entremos em contato com essa sensação e/ou mensagem. Essa comunicação poderá ser a "ponte elucidativa" entre algo que não aceitamos em nós mesmos e aquilo que se encontra submerso em nosso lado "sombra".

Em suma, a nossa melhor defesa contra os assédios espirituais é a auto-responsabilidade. Perante as influências negativas, não mais nos tornemos vítimas ou mártires, dizendo: "Sou um pobre coitado! Alguém tem de fazer algo por mim!", mas "Como posso transformar essa situação? Como desenvolver minhas potencialidades? Onde está o "ponto de deficiência" que eu preciso mudar? O que posso fazer para ter maior equilíbrio na vida?"

---

[1] Marcos, 7:15 e 16.
[2] Mateus, 23:27 e 28.

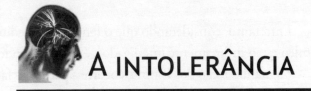

A INTOLERÂNCIA
COMO ANIMISMO

> *"(...) encontramos no cérebro do médium os elementos próprios para darem ao nosso pensamento a vestimenta da palavra correspondente a esse pensamento (...) os ditados obtidos por ele, inteiramente procedentes de Espíritos diversos, levam um selo de forma e de cor pessoal desse médium (...)"*
> **(2ª Parte - cap. XIX, item 225.)**

A palavra "anímico" tem sua origem na latina *animus*, que significa "alma". Os bons dicionários conceituam "anímico" como pertencente ou relativo à alma. Na mediunidade, o fenômeno anímico ocorre através das faculdades psíquicas utilizadas com a colaboração, consciente ou inconsciente, dos médiuns em atividade.

Um sensitivo, numa reunião mediúnica, por estar envolvido nos mais diferentes estados emotivos, pode não interpretar, de forma correta, as mensagens que recebe dos Espíritos comunicantes, mesclando-as com seus impulsos, sensações e experiências vividas na imensidão do tempo. Se misturar o conteúdo a ser expresso com suas emoções e atavismos existenciais, não produzirá mediunicamente; externará o seu, e não o pensamento de outrem. Eis o que denominamos de "interferência psíquica".

Entretanto, considerando que o fenômeno mediúnico e o anímico estão intimamente interligados, é preciso ponderar que:

• a manifestação dos Espíritos ocorre a partir das faculdades anímicas dos sensitivos. Portanto, em toda e qualquer mensagem de cunho espiritual haverá sempre a participação do intelecto e do sentimento da criatura que a transmite. É muito difícil dissociar a mente inconsciente das diversas expressões e habilidades da vida humana. Em razão disso, o animismo parcial é perfeitamente aceito e compreensível nas manifestações mediúnicas;

• certas comunicações são julgadas inteiramente anímicas. Acontecem quando o indivíduo não entra em transe medianímico, mas se identifica com seu próprio mundo íntimo, e o exterioriza. Comporta-se como se estivesse sob a ação fluídica de uma inteligência desencarnada; na realidade, está emitindo as impressões e sensações de que se vê possuído. Importante registrar que, no transe inteiramente anímico, a criatura não está fraudando; não se trata de mistificação, e sim de um fenômeno da mente inconsciente.

Todos os conceitos e noções que adquirimos com nossos pais, parentes, enfim com todos os que se relacionaram conosco, mais as crenças que trazemos das vidas passadas, formam em nós uma espécie de bagagem moral e instrutiva, um "código de valores" que faz parte de nosso modo de ser.

O nosso caráter é constituído de inúmeros "certos e errados", "bonitos e feios", "sins e nãos", que nos disseram através de histórias, críticas, aplausos, tradições e experiências, internalizados durante toda a nossa vida de relação. Incorporamos sentimentos de culpa, de insegurança, de medo e de condenação, bem como os de afetividade, de honestidade, de independência e de flexibilidade, primeiro com nossos familiares, depois com dirigentes educacionais, religiosos, políticos, filantrópicos; em suma, com todos aqueles que detêm certa autoridade ou destaque social.

Se, durante uma grande fase de aprendizagem, vivemos com pessoas excessivamente injustas, rígidas, preconceituosas e inflexíveis – que nos obrigaram a reprimir ou desprezar nossos impulsos, vocações, inclinações e tendências, julgando nossos sentimentos como irracionais e ilógicos –, podemos nos tornar prisioneiros de enorme sentimento de inadequação íntima. Dessa forma, desenvolvemos uma atitude psicológica que nos leva a ocupar um triunfante papel de defensor absoluto da justiça e da verdade, como meio de compensar a sensação de fraqueza interior ou baixa auto-estima. Procuramos esconder esse nosso desajustamento íntimo, simulando segurança, força e determinação, liderando ou conduzindo os outros com rigorismo e muita repreensão.

Esse sentimento de incompetência faz com que as criaturas, ao longo do tempo, autodenominem-se "missionárias da verdade". Fixam-se num auto-engano, numa única ideia de como as coisas deveriam ser, e, embora chamem isso de "idealismo", ou mesmo de "boa fé", na realidade querem apenas compensar sua instabilidade ou fragilidade pessoal.

Recusam aceitar a incerteza e a vulnerabilidade como parte de si mesmas e, por não conseguirem lidar com todas as repreensões e condenações que assimilaram em outros tempos, encobrem forçosamente sua autoconsciência com uma postura de intolerância, severidade e prudência desmedidas.

Não perceberam que um dos maiores erros que podem cometer na vida é estar constantemente com medo de errar.

A máscara charmosa da infalibilidade faz com que nos

sintamos, momentaneamente, confiantes e seguros. Quando nos achamos superiores, passamos a condenar os outros. Aliás, somente quem se acha melhor é que acredita que tem o direito de julgar ou reprovar a vida alheia.

"(...) os ditados obtidos por ele, inteiramente procedentes de Espíritos diversos, levam um selo de forma e de cor pessoal desse médium (...)"

Determinados médiuns trazem a rigidez e o autoritarismo como traços de personalidade. O medo de entrarem em contato com seus sentimentos de inadequação ou fraqueza interior faz com que eles precisem de diretrizes bem definidas com relação ao que é impecavelmente correto, de forma que são altamente intolerantes com tudo que possui aspectos diferentes, com tudo que pode ter mais de uma interpretação; enfim, com tudo que é ambíguo.

Por mais que os Espíritos Benevolentes tentem se comunicar, utilizando ideias ou pensamentos de solidariedade, aceitação, complacência e compreensão, a "produção anímica" dos medianeiros distorce o sentido das mensagens espirituais.

"(...) encontramos no cérebro do médium os elementos próprios para darem ao nosso pensamento a vestimenta da palavra correspondente a esse pensamento (...)", mas, se o estilo pessoal ou o modo de expressar do sensitivo for de caráter intolerante, sem respeito aos limites evolutivos dos outros, o indivíduo não entra em transe mediúnico com as Esferas Superiores, mas, sim, identifica-se com seu próprio mundo de ortodoxia ou inflexibilidade, e o exterioriza.

A "chave da renovação" interior é "Benevolência para com todos, indulgência para com as imperfeições alheias, perdão das ofensas". [1]

A "regra de ouro" da Espiritualidade Superior é a compaixão: admitir que os outros pensem, ajam e sintam de modo diferente de nós; entendê-los com bondade e respeito; admitir e perdoar as faltas do próximo; e jamais esquecer que o desenvolvimento acontece a partir do potencial interno das criaturas. Somente com essas qualidades é que poderemos levar as pessoas a se transformarem verdadeiramente.

Por fim, entendemos que a evolução processa em nós uma verdadeira alquimia espiritual. É das escuras cinzas da intolerância que nascerá um dia a fênix da compaixão, trazendo em suas asas a compreensão de que o desenvolvimento evolutivo sempre acontece; basta unicamente esperar com paciência e ter confiança na Vida Providencial.

---

[1] *O Livro dos Espíritos* - questão 886.

AUSÊNCIA
DE LIMITES

> "Suponhamos agora a faculdade medianímica completamente desenvolvida; que o médium escreve com facilidade; que seja, em uma palavra, o que se chama um médium feito, seria um grande erro, de sua parte, crer-se dispensado de qualquer outra instrução; não venceu senão uma resistência material, e é agora que começam, para ele, as verdadeiras dificuldades, e tem, mais do que antes, necessidade de conselhos da prudência e da experiência, se não quiser cair nas mil armadilhas que lhe vão ser armadas."
> (2ª Parte - cap. XVII, item 216.)

Ter limites é pensar e agir de forma que se possa defender os verdadeiros direitos pessoais. É o ato de concretizar nossos sentimentos e pensamentos sem subtrair os direitos dos outros, ou seja, é escolher atividades e tomar atitudes com respeito pelas pessoas e por nós mesmos.

No exercício da mediunidade, o ato de servir amorosamente é a maior tarefa que podemos desenvolver na escola da vida. Amar é tudo de que necessitamos para melhorar nossa existência. Porém, em nome do amor, não devemos usar a faculdade medianímica como um meio de consertar o mundo de forma precipitada, desrespeitando o nível de amadurecimento espiritual em que se encontram as criaturas. Podemos cooperar com o processo da Vida, nunca forçá-lo.

Para muitos, a expressão "dedicação ao próximo" tem o

significado de "ajuda ilimitada", na qual a pessoa sente necessidade imperiosa de dedicar-se ao socorro dos outros, afirmando para si mesma ser uma forma de resgatar sua parcela de contribuição junto à humanidade.

Geralmente, a atitude de proteger e auxiliar a todos, ansiosamente, baseia-se numa relação insana de superproteção. Muitos de nós, apesar de conhecermos a lei das vidas sucessivas e as diferentes faixas de conhecimentos evolutivos, tentamos competir com o fluxo da própria Natureza, com a personalidade básica das criaturas, esquecidos de que, quando estamos maduros, a evolução acontece de forma espontânea e prodigiosa.

Outros afirmam que estão apenas amparando as pessoas, quando, na verdade, estão impondo sentimentos e gostos, atitudes e tendências que não condizem com o grau evolutivo delas.

Mediunidade é um portal esplêndido que nos abre o entendimento para a realidade transcendental. No entanto, os médiuns não devem nutrir como "obrigação" a salvação dos sofredores do mundo. A única pessoa que podemos "salvar" é a nós mesmos, pois cada um é responsável apenas por si. Não é preciso nos martirizar; simplesmente, confiemos que o crescimento espiritual só acontece quando estamos convictos de agir de maneira diferente, decididos a buscar novos caminhos e a assumir o controle de nossa própria vida.

O indivíduo equilibrado e amadurecido sabe, antes de tudo, que não precisa ficar no encalço de redenção de almas ou viver só pensando nos outros, exaltando o esforço e o sacrifício. Não deve subestimar a lei de progresso que existe em germe em cada indivíduo, produto genuíno de sua filiação divina. Compreende perfeitamente que a aprendizagem espiritual é relativa em cada indivíduo e que ninguém poderá fazê-la por nós nem pelos outros. Dar assistência a alguém e ensiná-lo a crescer é diferente de constrangê-lo e obrigá-lo ao crescimento. Quando o comportamento exibe amabilidade excessiva e auxílio exagerado, na maioria das vezes esconde uma sensação íntima de inferioridade.

Os limites são vitais nas relações humanas. Estabelecer para nós fronteiras saudáveis está relacionado com: crescer com auto-estima, saber lidar com sentimentos e aprender a amar verdadeiramente, dando-nos, assim, segurança interior. Eles determinam o equilíbrio das relações pessoais, um eficiente intercâmbio de valores imortais, nunca um relacionamento de abuso ou de exploração. Limites facilitam o bom senso, para que possamos perceber quando devemos ou não dar, de nós mesmos, de nosso tempo, de nossos dons espirituais. Ao determinarmos divisas à nossa vida, saberemos para onde iremos e até onde permitiremos a outros virem conosco. Somente uma pessoa desonesta diz "poder fazer o que não pode" ou "possuir o que não tem".

Limites são pré-requisitos para demarcar nossas fronteiras energéticas. Quando abrimos mão de tudo, impensadamente, não identificamos onde nós terminamos e onde o outro começa. Não somente fica fragilizado nosso território magnético, mas também o corpo físico e o astral, o campo emocional e o mental, além de nossos bens e direitos.

A "ausência de limites" na mediunidade cria fendas, onde penetram miasmas e outras contaminações negativas. Seremos presas fáceis de influências danosas, até que restauremos e fortifiquemos esses pontos frágeis que danificam nossas defesas/fronteiras invisíveis.

Indivíduos descontrolados não possuem limites. Não

respeitam as possibilidades, tampouco a individualidade dos outros. Invadem, de forma constante, nossa privacidade e transgridem nossos territórios emocionais, acreditando estar no direito de fazer isso.

Desenvolver limites saudáveis nos dá uma percepção exata de até onde nos permitimos ir, em relação com os outros e com nós mesmos. Precisamos aprender a "dizer sim", ou a "dizer não", quando necessário.

Não devemos permitir que os outros nos controlem, ou mesmo, nos desrespeitem. Não podemos ser responsáveis pelos desatinos dos adultos infantilizados e inseguros.

Em geral, as pessoas estão acostumadas a que os médiuns tomem conta de seus problemas, de suas sensações íntimas, e se dediquem a controlar e tentar mudar seus comportamentos inadequados. Estão habituadas a que os medianeiros se sacrifiquem por seus caprichos e incoerências. Exigem que resolvam milagrosamente suas dificuldades, sem perceberem que elas existem exatamente porque tais pessoas não tomaram as decisões ou atitudes imprescindíveis à solução de sua problemática existencial.

"... agora que começam, para ele, as verdadeiras dificuldades, e tem, mais do que antes, necessidade de conselhos da prudência e da experiência, se não quiser cair nas mil armadilhas que lhe vão ser armadas."

As "verdadeiras dificuldades", os "conselhos da prudência e da experiência" e as "mil armadilhas" aqui referenciadas estão diretamente relacionadas com a perda de controle ou com a "ausência de limites". Quando queremos que os outros pensem e ajam pelos nossos padrões existenciais, desrespeitamos seus limites emocionais, mentais e espirituais, atraindo fatalmente pessoas que agirão da mesma forma para conosco. Somente se dá aquilo que se possui. Como, pois, exigir limites de alguém, se ainda não sabemos estabelecer nossos próprios limites?

Enquanto os indivíduos abrirem mão de seu poder pessoal, dado por Deus, de sentir, pensar, agir e de conduzir-se no agora com o melhor de si, e permitirem que os outros determinem quando devem ficar alegres ou tristes, o que devem dizer ou fazer, ou como lidar com determinada situação, serão como folhas perdidas no solo durante uma tempestade: conduzidas aleatoriamente para onde o vento levar...

PERSONALIDADE PERFECCIONISTA

> *"Qual seria o médium que se poderia chamar de perfeito? Perfeito, ah! Bem sabeis que a perfeição não está sobre a Terra, de outro modo não estaríeis nela; dizei, pois, bom médium, e isso já é muito, porque são muito raros."*
> **(2ª Parte - cap. XX, item 226-9º.)**

O trigo morre para nascer o pão; as flores, para crescer os frutos; a crisálida, para surgir a borboleta. As sementes têm um poder de brotar e gerar vida nova. Nenhuma transformação é imediata; a Natureza exige constância e paciência como preço do desenvolvimento. Somos almas em crescimento, precisamos estar em harmonia com o processo da Vida, para liberarmos nossas potencialidades e fluirmos naturalmente.

A Natureza e o indivíduo fazem parte de um todo unificado. O homem é apenas uma parcela dessa grande sinfonia da evolução na Terra.

O crescimento do ser ocorre por meio de um encadeamento de fatos espontâneos e inerentes à vida humana, enquanto que o perfeccionismo é uma aspiração obstinada e torturante.

A atitude de teimosia demonstra: "quero já, porque quero". O obstinado usa seu livre-arbítrio a serviço de sua "incompreensão exigente", porque desconhece os procedimentos ou etapas das leis divinas. "Fluir com a vida" é a virtude do que sabe conquistar, enquanto que "obrigar-se" é o constrangimento que se impõe o impulsivo.

Aprender a tocar violino requer de nossa parte exercícios constantes das notas musicais. Em seguida, nos habilitamos para executar os acordes, e esses se tornam cada vez mais melodiosos à medida que cresce nosso aprendizado. Enquanto que o perfeccionismo busca efeitos imediatistas, o crescimento é um mecanismo perfeito e gradual.

Um pomar floresce durante a primavera e oferece frutos no verão. No outono, as folhas caem; durante o inverno, desagregam-se paulatinamente, para se transformarem em fertilizantes para o solo, os quais irão revitalizar a árvore na nova primavera. Os ciclos naturais fazem parte de uma sucessão ordenada e harmônica regida pela Divina Providência.

Muitas pessoas acham sinal de fraqueza admitir que são falíveis. Na realidade, quando admitimos nossa vulnerabilidade, afastamos a tensão do "egoísmo defensivo" de tudo saber ou conhecer. Somos propensos a cometer "erros de cálculo". Enganos são inerentes à condição humana.

Esperar de nós e dos outros a perfeição é profundamente destrutivo para nosso relacionamento interpessoal. O perfeccionismo nos coloca num estado tão grande de ansiedade e inquietação, que cometemos mais erros do que o normal, porque, em vez de aceitarmos a possibilidade do desacerto, ficamos amedrontados com a expectativa da perfeição.

Aquele que se sente superior nutre um desdém arrogante

sobre os outros, supõe ser o melhor, em virtude de seus supostos padrões morais e intelectuais, mas ele se esquece de que "(...) a perfeição não está sobre a Terra, de outro modo não estaríeis nela (...)".

O perfeccionista não possui apenas o rótulo de "meticuloso" ou "devotado ao zelo", mas também o de "disciplinador intransigente" ou "reformador inflexível". Quanto mais alguém se aproxima da perfeição, menos rigoroso é para com os outros.

Uma das causas que turvam as faculdades psíquicas é o comportamento perfeccionista. A fiscalização excessiva do próprio comportamento caminha de mãos atadas com o pensamento rígido e metódico, afastando o sensitivo das expressões fenomênicas da espontaneidade e dos *insights*. O controle exagerado do sentimento o conduz a um bloqueio das forças espirituais.

A "máscara da perfeição" nos faz perder o contato natural e criativo com o mundo astral, impedindo a identificação nítida com as correntes espirituais que se assimilam nos transes mediúnicos. Quando o indivíduo recorre à representação de papéis prejudica seu crescimento humano e/ou espiritual, por viver na irrealidade.

O perfeccionista perde sua autenticidade. Não toma o curso de sua vida nas próprias mãos, pois não percebeu em si a beleza única que Deus colocou dentro de cada pessoa.

Encontra-se num enorme "esforço de ser o melhor" para confirmar sua opinião sobre si mesmo e pela necessidade da admiração alheia. Portanto, vive competindo e comparando-se com os outros, e esse comportamento exaltado o leva a obstruir a originalidade peculiar de sua faculdade psíquica.

A mediunidade possibilita a ligação entre as inúmeras

dimensões vibracionais do Universo, mostrando que a vida é ampla e infinita e, para que possamos ser bons instrumentos da Vontade Divina, precisamos apenas viver a normalidade da condição humana.

Por não termos "senso de humanidade", é que não aceitamos o atual estágio evolutivo, ou seja, não admitimos viver, no momento presente, a etapa existencial que o Criador nos destinou.

O médium que estabelece para si padrões de comportamento perfeccionista vê em sua tarefa mediúnica mais um reforço para provar sua "perfeição" do que um método de crescimento a ser cultivado na própria intimidade.

Entendendo
AS CONTRADIÇÕES

"O mesmo Espírito, comunicando-se em dois centros diferentes, pode lhes transmitir, sobre o mesmo assunto, duas respostas contraditórias?
Se os dois centros diferem entre si em opiniões e pensamentos, a resposta poderá lhes chegar deturpada, porque estão sob a influência de diferentes colunas de Espíritos; não é contraditória, mas a maneira pela qual é dada."
(2ª Parte - cap. XXVII, item 301-1º.)

O que nos impede de ouvir o que os outros têm a partilhar? Qual o motivo de tantas interpretações discordantes? Por qual razão aceitamos facilmente certas ideias, pensamentos ou definições e rejeitamos, de forma quase que imediata, outros tantos? Por que certas pessoas não conseguem entrar no "eixo da conversa" e divagam radicalmente sobre qualquer assunto? Quais os motivos dos bloqueios psicológicos que tenho e que me dificultam o entendimento do que a outra pessoa quer dizer?

Se questões como estas fossem mais intensamente autoanalisadas, com certeza teríamos maior lucidez e compreensão para entendermos o porquê das inúmeras contradições que nos são apresentadas no cotidiano.

Saber quem somos, como pensamos, reconhecer as reais intenções de nossos atos e atitudes, perceber os mecanismos psicológicos que produzimos e utilizamos, nos aumentará as dimensões da inteligência e do coração, bem como nos capacitará a ouvir, entender e expressar corretamente as informações, situações e ocorrências com as quais deparamos no dia a dia.

Divisando o funcionamento do reino interior, conhecendo a nós próprios, poderemos adquirir importantes subsídios para compreender os processos que regem a nossa casa mental, pois esse entendimento nos levará a descortinar os verdadeiros princípios da autotransformação.

Por que "o mesmo Espírito, comunicando-se em dois centros diferentes, pode lhes transmitir, sobre o mesmo assunto, duas respostas contraditórias?"

A comunicação entre duas criaturas (encarnadas ou não) não é tão fácil quanto parece. Quando nos comunicamos, nem sempre conseguimos compartilhar nosso senso de identidade, pelo fato de que ainda não saímos da "sombra do cárcere" de nós mesmos. A comunicação é genuína e perfeitamente assimilada, seja na dimensão física seja na astral, só quando existe estreita e forte sintonia vibratória entre ambas as partes. Os seres ecoam uns aos outros simplesmente quando abrem as comportas da alma.

O desenvolvimento espiritual proporciona a abertura de todos os *chakras* e, em razão disso, as criaturas passam a se expressar verbalmente com objetividade e com uma pronúncia tranquila e agradável. Os seres que se aperfeiçoaram falam ou se comunicam de modo claro e sintético, pois aliaram a iluminação do *chakra* coronário com a do *chakra* laríngeo (responsável pela emissão da voz).

Se não exercitarmos o autoconhecimento, seremos pessoas sempre muito confusas, sem possibilidades de desenvolver uma coerência interna sobre nossos sentimentos e pensamentos e sem condições básicas de transmitir o que pensamos ou sentimos. Em virtude disso, não teremos elementos para bem traduzir o que vemos no exterior (situações, acontecimentos, atos e sentimentos dos outros), pois nosso interior estará embaralhado.

Pensamos ter decifrado corretamente as ideias, os conceitos e as emoções de outros seres (fora ou dentro do veículo físico) e, depois, descobrimos que a mensagem real era completamente diferente.

O que nos obriga, em muitas ocasiões, a reavaliar nossa faculdade psíquica de perceber as sensações espirituais é quando aceitamos que somos indivíduos em crescimento, estagiários ao longo das fases do processo evolutivo. Por isso, quando admitimos nossa compreensão limitada, ou seja, nossa "evolução cíclica", aceitamos com maior naturalidade os equívocos de interpretação em que incorremos das ideias ou pensamentos dos Espíritos. Todos nós, em várias circunstâncias, temos lapsos em nossas comunicações; portanto, checar nossos pressupostos intercâmbios mediúnicos nos traz reais benefícios, pelo aprimoramento de nossa faculdade do sexto sentido.

Os seres humanos são simplesmente diferentes. Ninguém, a rigor, é igual a outrem. Somos todos tão particulares que apenas nós – unicamente nós – podemos mapear a nossa rota evolutiva. A individualidade é um "cofre fechado", oculto em nossa intimidade, cuja chave e segredo somente nós temos condições de encontrar.

"(...) a resposta poderá lhes chegar deturpada, porque estão sob a influência de diferentes colunas de Espíritos; não é contraditória, mas a maneira pela qual é dada."

A criatura humana é seletiva, está sempre mais interessada

em uma coisa do que em outra, rejeita ou acolhe ideias ou situações durante o tempo todo em que pensa. Aceitamos aquilo que nos capacita a entender os fatos de uma forma mais satisfatória. Quer dizer: as informações que recebemos nos chegam através de múltiplas "vias" do mundo mental, o que significa que as dificuldades de compreensão em verdade se referem ao uso que fazemos dessas diferentes "vias", quando estabelecemos contato com alguém (encarnado ou não). Ao ficarmos cientes de que grande parte de nosso mundo interno está fora de nosso campo de percepção, começamos a entender as interpretações e argumentos diversos de cada pessoa e a respeitá-los.

Um exemplo disso é quando usamos um mecanismo de defesa do ego, denominado "introjeção". É uma técnica de reter ou atribuir jeitos de agir e pensar, dons, predicados e atitudes dos outros como sendo nossas qualidades. Os indivíduos introjetivos, em muitas ocasiões, ficam impedidos de diferenciar o que verdadeiramente sentem e pensam do que pensam e sentem os outros.

Esse mecanismo psicológico pode formar um "agente desintegrador" da personalidade, tornando a criatura fragmentada, quando as opiniões, os pontos de vista e as atitudes que ela introjetou se mostrarem discordantes entre si.

Na "introjeção" há uma internalização de qualidades reais ou imaginárias. Incorporamos padrões comportamentais de uma "pessoa espiritualizada", de um filósofo, de um cientista, de grandes personagens da História, de figuras humanitárias, ou mesmo de parentes, professores ou religiosos com quem convivemos na infância.

Por isso, podemos concluir perante as opiniões discordantes: o homem inseguro as teme, o fanático as afronta, o educador as compreende e o ponderado as respeita. A verdade é relativa no atual estágio evolutivo da Terra.

"Evita controvérsias insensatas, genealogias, dissensões e debates sobre a Lei, porque de nada adiantam, e são fúteis. Depois de uma primeira e de uma segunda admoestação, nada mais tens a fazer com um homem faccioso (...)" [1]

Quando o Apóstolo dos Gentios escreveu essa exortação, não desejava dizer que devemos ser coniventes ou apáticos com tudo que é incoerente ou contraditório, mas que de nada adiantam contendas ou imposições, pois cada existência está ligada a determinado grau de entendimento. Existe em nós um dispositivo psicológico – regulado pelo nosso estágio evolutivo – que absorve os acontecimentos e os ensinos de acordo com nossas conquistas nas áreas de percepção e do entendimento. Portanto, nosso modo de entender ou compreender alguma coisa deve-se a causas situadas nas profundezas de nossa alma, a qual se encontra em constante aprendizagem pelos caminhos da Vida. "Depois de uma primeira e de uma segunda admoestação", quer dizer, após compartilharmos nossas ideias com os outros, não devemos forçá-los ou coagi-los a aceitá-las. O aprendizado com amor implica não obrigar ninguém a nada, pois, de todos os sentimentos, o amor é, incontestavelmente, o que mais salvaguarda a liberdade individual e o que mais assegura a livre iniciativa.

De nada adianta tentarmos transformar a qualquer preço um "homem faccioso"– parcial, sectário. É-nos impossível alterar as leis naturais; temos, sim, que aprender a respeitá-las, visto que a transformação só acontece quando estamos preparados para mudar.

---

[1] Tito, 3:9 e 10.

FORMAS-
PENSAMENTOS

"Mas onde a influência moral do médium se faz realmente sentir é quando este substitui suas ideias pessoais às que os Espíritos se esforçam por lhe sugerir; é então quando haure na sua imaginação as teorias fantásticas que ele próprio crê, de boa-fé, resultar de uma comunicação intuitiva."
(2ª Parte - cap. XX, item 230.)

Herdeiro de milênios, nosso sistema de crenças foi constituído por diferentes formas de pensar e agir, retiradas e acumuladas nas diversas experiências na embarcação das vidas sucessivas.

Assim considerando, a reencarnação nos induz a uma recapitulação dos velhos modelos e conceitos, a fim de que nos desvencilhemos das crenças negativas rumo aos ciclos mais evoluídos da existência.

Não podemos realizar qualquer estudo dos processos mediânimicos sem o estudo da personalidade.

A faculdade humana da imaginação traz a capacidade de criar imagens no plano astral. Essas "formas mentais" não são passivas; ao contrário, agem ativamente em torno de seu criador. Em outras palavras, todas as concepções ou crenças que valorizamos ou damos importância tendem a fixar-se em nossa intimidade e se concretizam, ao longo do tempo, em nossa realidade externa.

Nosso Espírito vive onde se lhe situe o pensamento. Indiscutivelmente, caminhamos ao influxo de nossas próprias criações, tanto no campo mental quanto na esfera da experiência física.

Pensamentos, ideias, conceitos e auto-avaliações, positivos ou negativos, são elementos dinâmicos de indução e influenciam nosso halo mental, formando "realidades energéticas" ou "formas-pensamentos". Através do princípio da repercussão, exteriorizamos essas "formas-pensamentos", que, na realidade, não ficam sepultadas no inconsciente, mas se encontram na borda de nossa aura espiritual.

Somos naturalmente subjugados ou beneficiados pelas nossas próprias criações, segundo as correntes mentais que projetamos.

As "imagens" criadas ficam apenas algumas horas, ou durante anos, na atmosfera das criaturas ou no ambiente em que foram geradas. Em condições especiais, subsistem ainda mesmo quando a pessoa que as engendrou tenha falecido, pois elas a acompanham na vida além-túmulo.

As "formas-pensamentos positivas" são aquelas que edificamos e alimentamos com informações e ensinamentos úteis e saudáveis para nossa evolução espiritual. São estruturas luminosas, de "configurações etéreas" – estrelas, emblemas ou símbolos veneráveis, multiplicidade de pontos luminosos com as mais cintilantes policromias –, com natureza diferenciada e características próprias. Além de sutilizarem a aura com pesos específicos tênues e qualidades magnéticas aprimoradas, acham-se presentes nas mãos dos curadores, emanam do semblante dos que olham com amor, exalam do sorriso dos indivíduos sinceros e do peito das criaturas carismáticas. Ainda, encontramos essas "estruturas luminosas" nos aposentos ou lugares onde as pessoas oram e meditam, os quais ficam impregnados de um clima de tranquilidade, paz e harmonia.

Um músico, pintor ou escultor imagina uma futura obra de arte. Seu pensamento cria, com a própria matéria mental, uma imagem real dessa produção artística no plano astral. Basta arquitetar e persistir durante algum tempo e logo se iniciam os primeiros passos para o fenômeno da "ideação" ou da "ideoplastia". O vocábulo ideoplastia quer dizer "matéria mental exteriorizada e plasmada por ideias repetitivas e intensas".

Os indivíduos de sentimentos e pensamentos doentios podem plasmar "estruturas de disformes feições", que os acompanham aos lugares aonde vão.

O orgulho, a submissão, a mágoa, o medo, a culpa, a rigidez e outros tantos desajustes íntimos produzem "estruturas amebóides", animadas de intensa atividade, que ganham energia por intermédio de nossas emoções, pensamentos e convicções costumeiras. Giram em redor do seu criador, estando sempre prontas para o "fecundar" ou influenciar, de forma convincente e determinante, toda vez que ele estiver em condições receptivas ou passivas. Assemelham-se a verdadeiros discursos mentais persuasivos.

Por exemplo, se nós tivermos velhas mensagens de orgulho gravadas há muito em nossa mente e se pertencermos "a uma família importante, com parentes elegantes e de fino bom gosto", poderemos desenvolver um "sistema de crenças" que redundará em padrões neuróticos de ver a nós mesmos e, a partir disso, viver constantes relacionamentos problemáticos. Se recebermos uma educação rigorosa, de pais superexigentes e críticos que desejam para nós, desesperadamente, aquilo que não tiveram ou não puderam realizar, desenvolveremos, não raro, uma "autovalorização ilusória". Importante lembrar-nos: o sentimento de superioridade é uma forma de supercompensação do complexo de inferioridade. Em psicologia, "complexo" quer dizer "um conjunto de ideias com forte carga emotiva, as quais se encontram no inconsciente e agem, de maneira imperceptível, sobre a conduta das pessoas".

A criatura que se julga superior – "a melhor" – cria "estruturas mentais" em sua aura que se nutrem desse seu complexo de superioridade. Reciprocamente, essa mesma pessoa irá gerar uma outra "forma-pensamento" que corresponda ao inverso da primeira, ou seja, uma estrutura mental oposta – um complexo de inferioridade. As "formas-pensamentos" vivem em pares opostos. Elas interagem umas com as outras. Quem tem um lado superior também possui um lado inferior.

Ora o indivíduo está na crise de ser superior, ora na de ser inferior. Ele foge da superioridade para cair na inferioridade e vice-versa. Viverá entre altos e baixos. Entre ataques de esnobismo e arrogância e conflitos de ser um "erro" ou um "nada".

Essas antigas gravações podem formar as "estruturas mentais" que há pouco descrevemos, que se utilizarão da matéria sutil que existe no mundo astral, moldando-a tanto na forma de rostos como também na de imagens irregulares e distorcidas, estranhamente simbólicas.

Em verdade, não somos melhores nem piores que os outros. Todos fomos gerados iguais, filhos de Deus. Ninguém foi criado superior. Porém, é incontestável que, se possuímos qualidades e capacidades mais desenvolvidas que as dos outros, não é por sermos superiores, mas porque as desenvolvemos com esforço e dedicação.

Aceitar ser como somos é respeitar nosso grau evolutivo. Essa afirmação nos tira da "neurose das comparações".

Sabemos o tanto quanto experimentamos e temos o bastante que fizemos por merecer. Se não sabemos é porque talvez ainda não nos tenhamos esforçado o suficiente, mas quem sabe no amanhã teremos vontade ou esforço necessário para ter, aprender ou fazer mais.

Se nós criamos e convivemos internamente com essas estruturas psíquicas, podemos reforçá-las ou eliminá-las, simplesmente mudando nosso jeito de pensar e agir.

Essas estruturas são consideradas fragmentos de nossa personalidade; são como satélites que gravitam em torno de nós. Induzem-nos a uma reimpressão mental, através das ideias e crenças autodestrutivas que nós mesmos geramos e que, por sua vez, nos forçam a recordar o que gostaríamos de esquecer. Muitos as descrevem como "diálogos mentais exaustivos e constantes", que lhes consomem a energia íntima. Afirmam: ficamos "prisioneiros de nós mesmos".

A hiperatividade mental é intensa, e os pensamentos indesejados continuam girando sem parar. Podem levar as criaturas a ações quase inconscientes, por meio de "monoideias" que geram argumentos e contra-argumentos, que agem, explicam, reagem, como se fossem espécimes vivos de que essas pessoas não conseguem se desvencilhar, nem deixar de escutá-los.

O indivíduo "substitui suas ideias pessoais às que os Espíritos se esforçam por lhe sugerir; é então quando haure na sua imaginação as teorias fantásticas que ele próprio crê, de boa-fé, resultar de uma comunicação intuitiva".

Mediunicamente falando, quando substituímos as ideias dos Espíritos pelas pessoais, vemos um processo autêntico de manifestação anímica.

Animismo é quando, sem intencionalidade ou mesmo sem nenhuma ideia preconcebida de mistificação, supomos incorporar ou escutar uma personalidade desencarnada, e, na verdade, é apenas nosso mundo interior que se exterioriza.

O fenômeno anímico pode ocorrer quando o indivíduo utiliza, inconscientemente, emoções e sentimentos da vida atual e das passadas, ou também a influência das "formas-pensamentos", de onde recolhe as impressões ou sensações de que está possuído.

Nós podemos "incorporar" essas "formas amebóides"; em outras palavras, ser influenciados pelos agentes energéticos que elas produzem. Podemos nos expressar como se ali estivesse, realmente, um Espírito se comunicando. Entramos em supostos transes mediúnicos, tornando-nos médiuns dessas "estruturas parasitárias" que não possuem vida própria, mas vivem à custa da carga de nossas crenças negativas, ou mesmo da nossa energia mental e/ou emocional de que elas são constituídas.

No entanto, seria de bom termo não nos esquecermos de que somos nós mesmos quem as alimentamos com nossos atos e atitudes interiores.

Se perpetuarmos nossas crenças ou pensamentos negativos, poderemos acabar sufocados na névoa de nossa própria negatividade; porém, se abrirmos as comportas de nossa mente para a renovação de ideias e conceitos iluminados, navegaremos harmoniosamente na "imensidão dos sentidos" superiores.

O REVERSO
DA LIBERDADE

> *"Os bons Espíritos jamais ordenam: não se impõem, aconselham, e, se não são escutados, retiram-se. Os maus são imperiosos; dão ordens, querem ser obedecidos e permanecem mesmo assim. Todo Espírito que se impõe trai sua origem. São exclusivos e absolutos em suas opiniões, e pretendem ter, só eles, o privilégio da verdade (...)"*
> **(2ª Parte - cap. XXIV, item 267-10º.)**

"Controladores" são indivíduos que possuem um estilo de comportamento que constrange, domina e impõe. Por meio de uma simulação consciente, ou não, tentam forçar os eventos da vida a acontecer quando e como querem. O maior desatino dos "controladores" é que para dominar precisam, antes de tudo, viver distanciados de seus próprios sentimentos, que, acreditam, poderiam deixá-los vulneráveis diante dos outros. Não se arriscam a mostrar como se sentem realmente. Em outras palavras, por medo de serem usados, maltratados ou desmascarados, escondem seus sentimentos mais profundos para assegurarem-se de que não existe possibilidade de qualquer pessoa ter poder sobre eles. Têm uma enorme necessidade de ordenar e passam anos a fio dizendo a si mesmos que a maneira certa de agir é ter as rédeas de tudo em suas mãos.

Os "controladores" fazem o trabalho em segredo, usando técnicas de comando indiretas, passivas. Agem de maneira tão sutil, dócil e educada, que não são identificados como tais. Podem ter consciência ou não do hábito de controlar, mas uma coisa é certa: esse comportamento faz-lhes muito mal, pelo desgaste energético em que vivem – impacientes, incapazes de relaxar e ficar sem fazer nada.

Procuram exaltar sua importância pessoal, tomando nomes e sobrenomes imponentes para se impor perante os mais desavisados e crédulos. Alguns se utilizam de argumentos capciosos e aparentemente lógicos, que tornam suas ideias difíceis de ser questionadas. Muitos controlam, expondo fraqueza e dependência; lamentam e choram, afirmando ser indefesos e vítimas. Às vezes, a "máscara da fragilidade" é um recurso utilizado pelos mais poderosos "controladores".

Usam qualquer tática, desde que funcione; mas, independente dos planos ou meios, os objetivos são os mesmos: obrigar outrem a fazer o que eles querem que seja feito. São mais doentes, ou mais ignorantes de si mesmos, do que propriamente maus. Quase sempre "exigem uma crença cega e não apelam à razão, porque sabem que a razão os desmascararia". [1]

Os "controladores", além de guardarem uma convicção inabalável de que o comando de tudo e de todos é essencial, ainda são motivados por recompensas ou estímulos inconscientes que os ajudam a perpetuar o jogo da manipulação. Aqui estão algumas das atitudes mentais que integram o sistema de sobrevivência psicológica dos indivíduos imponentes:

• satisfazem suas necessidades de poder ou domínio por sentirem enorme vazio interior;

• confirmam uma auto-imagem deficiente que idealizaram como maravilhosa;

• fazem com que se sintam respeitados, para se protegerem de uma possível humilhação;

• fortalecem seu desejo de impressionar terceiros, pois se consideram socialmente inadequados;

• têm medo de ser rejeitados, ridicularizados e magoados.

Encontramos os "controladores" não somente no mundo espiritual, mas também usando a vestimenta carnal de pais, filhos, cônjuges, namorados, parentes e amigos. São tipos autoritários, considerados "egomaníacos com baixa auto-estima", que empregam o controle para suprir uma vida interior deficitária.

Inseguros, receiam ser manipulados, obrigados a fazer o que não desejam ou ficar sobrecarregados com enormes responsabilidades. Convictos de que a melhor defesa é um bom ataque, tentam impor-se aos outros antes que estes os controlem. Reagem ao medo e à insegurança, recorrendo ao domínio sobre o próximo e sobre as circunstâncias. Isso lhes parece amenizar ou resolver seus conflitos íntimos.

"Os bons Espíritos jamais ordenam: não se impõem, aconselham, e, se não são escutados, retiram-se."

Nossa mais devastadora ilusão é pensar que podemos controlar a vida dos outros. Imposição é o oposto da liberdade e extermina tanto a independência do que domina como a do dominado.

Apenas escolhendo o autocontrole é que atingiremos a verdadeira libertação. Não conseguiremos evoluir emocional, intelectual e espiritualmente se estivermos desgastando nossas energias para comandar a vida dos outros.

"... e onde se acha o Espírito do Senhor aí está a liberdade." [2] Os bons Espíritos são livres porque dão liberdade a todos que os cercam. Reconheceram a importância de se desvencilharem das afeições possessivas, pois respeitam integralmente a condição natural de todos – seres livres, filhos de Deus.

A Espiritualidade Superior nos ensina que somos convocados a compartilhar com os outros a afetividade e a mútua proteção, mas isso se torna um desequilíbrio quando exigimos apropriação do ser amado. Que deveríamos nos sentir recompensados, e não intimidados, quando constatamos que os que amamos têm interesses independentes, confiança em si mesmos e auto-suficiência.

Quando delegamos o controle de nós mesmos a uma outra criatura, seja ela quem for, talvez estejamos renunciando ao nosso mais importante direito inato: a liberdade. Ela pressupõe senso de dignidade, escolha e auto-respeito. Sem senso de valorização próprio, nos julgaremos uma nulidade e sentiremos um grande vazio na alma, isto é, uma sensação de "não ser".

A propósito, recordemos Victor Marie Hugo, o mais ilustre poeta e escritor francês do século XIX, quando escreveu: "O pior uso que se pode fazer da liberdade é abdicar dela".

---

[1] "O Livro dos Médiuns" - 2ª Parte - cap. XXIV, item 267-10º.
[2] II Coríntios, 4:17.

AUTOCONSIDERAÇÃO

"Seria um erro crer que é preciso ser médium para atrair a si os seres do mundo invisível. O espaço deles está povoado; temo-los sem cessar ao nosso redor, ao nosso lado, veem-nos, observam-nos, misturam-sev às nossas reuniões, nos seguem ou nos evitam segundo os atraiamos ou os repilamos."

(2ª Parte - cap. XXI, item 232.)

A personalidade de uma criança, além dos valores e predisposições inatas – frutos de sua herança espiritual –, forma-se da intensa influência dos pais, dos quais ela recebe toda uma herança que poderíamos denominar de "psicobiológica".

É interessante notar que, embora os caracteres paternos se encontrem fisicamente impressos na criança, esta apresenta um modo de ser peculiar, distintivo do ser humano.

Conquanto carreguemos características de nossos pais, isso não quer dizer que devamos ser exatamente iguais a eles. Não somos e jamais seremos, pois temos reações e condutas individuais, uma maneira particular de pensar e agir, ou seja, uma personalidade própria.

A criança deve ser aceita com seus dons naturais. Cada uma é distinta da outra e, por mais que queiram os familiares, elas nunca serão, a rigor, como eles queriam ou imaginavam. Não existem defeitos; há apenas diferentes graus evolutivos.

Quando as crianças crescem num ambiente de desrespeito, de falta de carinho, amor e afeição, sem participação efetiva no grupo familiar, podem desenvolver um "sentimento de autodepreciação".

Essas crianças trazem consigo um monólogo interior que, se conseguíssemos ouvi-lo, apresentaria afirmações do tipo: "Se as pessoas soubessem como eu sou realmente e o que quero, por certo não gostariam de mim". "Devo fazer as coisas bem feitas e com capricho para conquistar a admiração e o respeito dos outros". "Não sou uma pessoa importante e agradável. Não consigo encontrar uma razão para que alguém goste de mim". "Sinto que tenho que ser mais inteligente, produtiva e útil". "Eu deveria dar mais e receber menos, pois quando faço algo por mim mesmo, sinto-me culpada".

Na maioria dos casos, esses sentimentos de inadequação nascem na tenra idade; na vivência com pais que foram mal preparados para dar aos filhos um crescimento saudável. Do mesmo modo, com aqueles que estavam ocupados demais em provar seu próprio valor ao mundo dos negócios, ou com outros que eram adultos infantilizados.

Pais rigorosos que submeteram seus filhos à necessidade de crescer apressadamente impuseram a eles uma postura competitiva e um desempenho exemplar nas relações com os outros. Instigavam a criança a uma "síndrome de crescimento rápido". Demonstravam amor somente quando ela desempenhava um *script* perfeito, e era rejeitada, de forma velada ou explícita, quando fracassava.

Tais comportamentos ou atitudes, por via de regra, começam a fazer parte da personalidade das criaturas sem que elas se deem conta disso. Quando se tornarem adultas, possuirão uma tendência à autodesconsideração, ao isolamento, à introversão e a uma falta de interesse no intercâmbio social, dizendo-se envergonhadas ou "sem graça".

Aliás, a palavra "graça" tem uma conotação histórica – bênção divina concedida aos homens para que eles consigam a redenção. Analogamente, quando dizemos que somos "sem graça", estamos declarando a nós mesmos, de forma imperceptível, que somos desgraçados ou desventurados. Em outras palavras, sem as bênçãos de Deus e, por isso, com extrema dificuldade para conseguirmos a realização pessoal.

Indivíduos que não se valorizam criam em seu campo magnético – aura humana – energias negativas mantidas por pensamentos habituais de autodesvalorização. A partir daí, materializam acontecimentos inconvenientes e atraem indivíduos semelhantes (encarnados ou desencarnados) à sua maneira inadequada de se comportar diante das pessoas e dos acontecimentos.

Por exemplo, se repetirmos constantemente para nós mesmos que somos indignos, tolos e desprezíveis, atrairemos ondas mentais similares a esses autoconceitos, porque chamaremos para nós sentimentos semelhantes de outras criaturas. Pudera, nós vibramos contra nós mesmos!...

"Seria um erro crer que é preciso ser médium para atrair a si os seres do mundo invisível. O espaço deles está povoado; temo-los sem cessar ao nosso redor, ao nosso lado, veem-nos, observam-nos, misturam-se às nossas reuniões, nos seguem ou nos evitam segundo os atraiamos ou os repilamos."

Ao pensarmos, nossa casa mental irradia vibrações ou ondas que se propagam no universo energético circundante com que ela sintoniza. A energia que dissipamos é que atrai a consideração, ou não, dos outros. Quanto mais nos rejeitamos, maior é a rejeição das pessoas para conosco.

A atitude de nos subestimar ou menosprezar cria em nossa intimidade uma estrutura psicológica comparável a um "mata-borrão" ou a um "exaustor energético", que suga tudo o que existe de negativo no ambiente em que nos encontramos. Podemos nos equiparar a verdadeiros "ímãs", que vão atraindo a "limalha de ferro".

Não importa se trazemos de nossa atual ou das passadas existências um sistema de crenças derrotistas do tipo: "Se não fomos considerados ou amados foi porque não somos dignos de amor". Ou também, "Se fomos abandonados ou negligenciados por pessoas importantes de nossa vida é porque somos desprezíveis". O que hoje realmente importa é a conscientização de que se nossos olhos estão envolvidos com nosso próprio malquerer, imediatamente sintonizaremos com o mal alheio. A mente é, ao mesmo tempo, uma fonte receptora e uma força propulsora, que capta e irradia qualquer onda mental.

A autoconsideração, isto é, o amor a nós mesmos, é o melhor antídoto contra as energias deletérias. Esse autocomportamento afetuoso melhorará a qualidade de nosso relacionamento com nós próprios e com os semelhantes.

No entanto, a autoconsideração não pode ser comparada ao narcisismo ou ao egoísmo, mas, sim, ao fato de que somos tão dignos do amor quanto o nosso próximo, ou seja, devemos desejar e buscar mutuamente o amor incondicional.

"Amarás a Deus sobre todas as coisas" é o primeiro e o maior de todos os mandamentos, "amarás ao próximo como a ti mesmo" é considerado o segundo e semelhante ao primeiro;

tanto que Jesus Cristo afirmou perante os judeus da época que "toda a lei e os profetas estão contidos nesses dois mandamentos".

A autoconsideração faz nosso "universo íntimo" girar em torno do amor e, em virtude disso, atrair criaturas e energias amorosas em nosso derredor.

INTERPRETAÇÃO
VISUAL

"A faculdade de ver os Espíritos, sem dúvida, pode se desenvolver, mas é uma daquelas que convém esperar seu desenvolvimento natural, sem provocá-lo, se não se quer se expor a ser joguete da própria imaginação. Quando o germe de uma faculdade existe, ela se manifesta por si mesma (...)"
(2ª Parte - cap. XIV, item 171.)

Toda forma de vida animal, desde a ameba unicelular ao olho mais complexo dos vertebrados, é sensível de alguma forma à luz. Os animais mais simples – tais como certos moluscos marinhos – somente reagem a mudanças de claro e escuro. A minhoca não tem olhos, mas toda a sua camada superficial é coberta de células sensíveis à luz; qualquer facho luminoso faz com que ela se proteja ou se esconda no chão.

Animais mais evoluídos, como as aves e os mamíferos, desenvolveram cristalinos ajustáveis ou estruturas oculares complexas para o registro de imagens nítidas e detalhadas do mundo que os cerca.

Somente depois de muitos anos de estudos, é que médicos, biólogos e psicólogos concluíram que a visão do homem ocorre não nos olhos, mas no cérebro. Os olhos podem estar perfeitamente saudáveis, mas, se houver um ferimento grave na área do córtex cerebral, a criatura poderá ficar cega por toda a vida. O olho capta e focaliza imagens por meio de uma membrana posterior, formada de células nervosas relacionadas com as fibras do nervo óptico e sensíveis à luz – a retina. Quando o feixe luminoso aí incide, começa uma nova etapa no processo da visão. As células sensíveis da retina convergem energia radiante em forma de sinais transmitidos ao cérebro, que de fato é que vê.

A visão não se processa diretamente. Todas as sensações no campo fisiológico pertencem ao Espírito, que as consolida no corpo carnal, segundo a genética da evolução humana.

Milhões de informações dos mundos interior e exterior chegam aos nossos sentidos, mas nunca terão condições de ser assimiladas na íntegra.

Nossa mente, na fase evolutiva em que se encontra, capta apenas diminuta parcela das incontáveis formas de energia do Universo. Nosso sistema visual registra, de forma lúcida, somente as coisas em que estamos concentrados num dado momento.

Os olhos e a mente, juntos, constituem um sistema organizador que analisa e processa as grandes quantidades de dados que provêm do mundo físico e do espiritual. No entanto, cada um de nós está capacitado a interpretá-los conforme o que retém em valores éticos ou intelectuais.

Apenas percebemos as informações que nos cativam ou atraem. Modela a mente o nosso interesse seletivo, e esta seletividade é tanto física, psíquica, mental quanto transcendental.

Em verdade, nosso campo sensório só focaliza de modo claro aquilo que pode. O mecanismo de defesa psicológico denominado "desatenção seletiva" faz com que retiremos de nossas experiências todos os elementos que podem, momentaneamente, nos desestruturar o campo emocional. Essa "autodistração" não nos permite tomar contato com a realidade; em muitas ocasiões, ela nos protege dos golpes da vida, até que possamos reunir recursos para enfrentá-los e resolvê-los. Só retemos o que conseguimos compreender ou assimilar.

Mediunidade é sintonia e seleção. Olhemos para uma enorme estante de livros; um deles sobressai distinta e claramente diante de nossa visão, enquanto que os outros ficam vagos ou incertos. Cada pessoa fixará na prateleira a obra literária de sua preferência, sem desviar o olho de seu objetivo principal. Como parte do processo de assimilação, o olho elimina, física e espiritualmente, só o que pode digerir daquela visão, informação ou ensinamento recebido. Muitas vezes, opera na pessoa de consciência empedernida um bloqueio mental; sua receptividade é quase nula.

Por isso, o fenômeno vidência exige filtragem no crivo do bom senso para que interpretações apressadas não envolvam a informação mediúnica nos domínios do absurdo e do irracional.

A ilusão e/ou imaginação dos indivíduos têm sido consideradas como as criadoras de um problema específico no discernimento da visão mediúnica. A vidência "é uma daquelas (faculdades mediúnicas) que convém esperar seu desenvolvimento natural, sem provocá-lo, se não se quer se expor a ser joguete da própria imaginação (...)".

Todo ensinamento mediúnico é digno de atenção e avaliação, mas, igualmente, é preciso ser analisado com carinho, para que não entre no rol das "visões ridículas" ou das "interpretações incoerentes".

Os fenômenos medianímicos podem ser semelhantes em diversas pessoas, mas cada alma tem um modo peculiar de registrá-los. A mediunidade de vidência é empregada segundo as concepções que caracterizam o modo de ser dos indivíduos.

O sensitivo está sujeito às interpretações das ideias e inspirações que povoam o ambiente espiritual em que vive, mas só é capaz de reproduzi-las ou captá-las de conformidade com seu horizonte existencial.

Os denominados "quadros fluídicos", tanto os criados pela mente do próprio sensitivo como aqueles oriundos de outro encarnado, ou mesmo de algum desencarnado, são processados no *chakra* frontal, onde se localiza o intitulado "terceiro olho". Esse *chakra* é o responsável pela maioria dos fenômenos da visão astral.

Todos os fenômenos psíquicos solicitam filtragem no crivo da razão. Saber intelectualmente não basta. A miopia espiritual causa um enorme dano na clareza das faculdades psíquicas.

Se assistíssemos apenas quinze minutos de uma peça teatral, não entenderíamos de maneira clara a mensagem da apresentação artística. Se olhássemos um pintor esboçando a obra idealizada, veríamos só algumas linhas ou traços aparentemente desconexos.

A visão mediúnica requer amadurecimento psíquico e espiritual; deve ser exercitada para tornar-se cada vez mais lúcida. Quando estamos aprendendo a lidar com as forças espirituais, o entendimento ou a elucidação não aparecem, até que tenhamos compreendido a lição por completo.

Experiências repetidas nos fazem sentir, refletir e questionar. Ninguém neste mundo consegue crescer ou evoluir sem errar, e nossos desacertos acabam nos ensinando a interpretar melhor todas as coisas.

Toda vidência contém em si uma ampla mensagem. A compreensão de uma visão astral apenas surge em virtude de sua interpretação; é esta que consente que tenhamos o entendimento total do seu significado.

SUSCETIBILIDADE

> *"Médiuns suscetíveis: variedade de médiuns orgulhosos;*
> *melindram-se com as críticas das quais suas comunicações*
> *podem ser objeto; irritam-se com a menor contrariedade,*
> *e mostram-se o que obtêm é para que sejam admirados, e*
> *não para pedir pareceres (...)"*
> **(2ª Parte - cap. XVI, item 196.)**

Ressentimento é uma mágoa crônica. Na verdade, a palavra ressentir quer dizer "deixar-se sentir novamente" ou "voltar-se ao sentimento passado".

As criaturas suscetíveis às ofensas são aquelas que guardam rancor facilmente, remoendo o insulto e intensificando os efeitos debilitantes do ressentimento e da raiva.

Quando estamos melindrados, experimentamos sucessivas vezes o mesmo sofrimento. Isso nos consome energeticamente e debilita nosso corpo físico e/ou o espiritual.

Perdoar é um ato de amor, em que reina a compreensão e a humildade. É um indício do amor a nós mesmos e aos outros.

No momento em que perdoamos, nos identificamos com nosso próximo; admitimos nossa falibilidade humana, reconhecendo nossas deficiências e nossa facilidade em errar.

Perdoamos na medida em que desfazemos a ilusão de que somos perfeitos. Sabemos que nosso grau de conhecimento é resultante de nossa participação e interação nos processos do Universo. Nossas múltiplas existências nos levam gradativamente à autoconscientização de que todas as coisas estão interligadas. Não somos criaturas isoladas, e sim parte de uma complexa rede da Vida. Estamos vivendo juntos, porém em diferentes níveis de amadurecimento e precisamos, todos, de muito perdão durante o processo evolutivo – precisamos perdoar a nós mesmos e aos outros.

Admitir nossas falhas e não se ressentir é uma fórmula poderosa para remover os obstáculos à boa convivência. Não seria tempo de nos libertarmos dos "cárceres" do rancor e da mágoa?

Certamente, parte de nossa dificuldade em pedir desculpas se deve ao problema que temos com a realidade interior. Para chegar ao momento de nos desculparmos, devemos antes ser humildes ou honestos conosco, admitindo as nossas limitações e inadequações de seres espirituais em regime de crescimento e de permuta constante.

A humildade e o perdão caminham juntos. Eles nos levam às trilhas da compreensão dos equívocos e erros existenciais. Aliás, os enganos são oportunidades de aperfeiçoamento e amadurecimento para todos; são experiências para aprendermos a viver melhor.

Costumamos confundir, erroneamente, humildade com servidão, submissão e covardia. Ela é, sobretudo, "a lucidez que nasce das profundezas do Espírito".

A humildade não está relacionada com o nosso aspecto exterior, mas com a maneira como percebemos as pessoas e as circunstâncias. É a habilidade de ver claramente, sem defesas ou distorções, pois nos limpa a visão e nos livra dos falsos valores.

Com "olhos humildes", entendemos que perdoar é atitude que requer mudança de nossas percepções, quantas vezes forem necessárias. Nossa visão atual é prejudicada pelas percepções do ontem sobre o nosso hoje, visto ficarmos quase sempre presos aos "fatos do passado", permitindo que "lembranças amargas" escureçam o presente, mesmo anos depois de terem ocorrido. "Compreender perdoando" significa que somos capazes de mudar nossas velhas convicções e perceber novas evidências da verdade em nossas atitudes e nas alheias. Dessa forma, ficamos mais flexíveis e menos exigentes para com o comportamento dos outros.

Quem compreende e perdoa possui uma "visão cósmica" da Vida, porque ampliou sua consciência. Ela representa a faculdade de ver as criaturas e a criação como uma coisa só; expressa uma visão da existência estruturada sobre uma concepção de unidade.

Os indivíduos que "melindram-se com as críticas das quais suas comunicações podem ser objeto; irritam-se com a menor contrariedade (...)" são considerados dogmáticos, quer dizer, pessoas que rejeitam categoricamente qualquer opinião ou parecer, cultivando um ponto de vista de "certeza absoluta".

Não temos a habilidade de entender tudo de início, precisamos constantemente revisar nossa maneira de ver, a fim de ampliar conceitos. O dogmático não perdoa, porque lhe falta a clareza de visão que a humildade proporciona. Ele não vê o mundo em termos de relação e integração.

Na mediunidade, o dogmatismo pode aparecer como sério obstáculo: o sensitivo que alimenta constantes ressentimentos atrairá indivíduos da sua faixa de simpatia. Assimilamos os recursos mentais daqueles que pensam como nós.

Guardando melindres e irritação, desorganizaremos os tecidos sutis de nossa alma e intoxicaremos, por conta própria, a vestimenta corpórea.

Para termos sanidade plena, é preciso que nossas energias estejam harmonicamente compensadas. Somos seres essencialmente energéticos.

Assim como uma barra de ferro se imanta quando da proximidade de um ímã, da mesma forma uma criatura pode atrair energias conforme seu padrão vibratório.

Na vida não existe fatalidade, apenas sintonia. Não precisamos ser exatamente iguais aos outros, basta termos afinidade para que ocorra o fenômeno de atração magnética.

Perdoar não significa que devemos ser coniventes com os comportamentos impróprios, nem aceitar abusos, desrespeito, agressão ou traição, mas é uma nova forma de ver e viver – envolve o compromisso de experimentar em cada situação uma nova maneira de olhar o que está acontecendo, ou como aconteceu, sem interferência das percepções passadas. O perdão surge a partir de uma "visão cósmica" do comportamento humano. "Em verdade vos digo: cada vez que o fizestes a um desses meus irmãos pequeninos, a mim o fizestes".[1] Este pequeno trecho do Evangelho de Mateus desperta excelente reflexão em torno da interdependência da "coletividade universal" – somos unos com todos, cada um de nós faz parte do grandioso espetáculo do Plano Divino.

O ato de perdoar não requer a reabertura de velhas feridas, mas, sim, a sua cura. Transforma-nos em co-criadores da nossa realidade, pois tem relação com a capacidade de escolhermos como reagir às situações de nossa vida.

---

[1] Mateus, 25:40.

CRESCIMENTO, NÃO MARTÍRIO

"Não olvideis que o objetivo essencial, exclusivo, do Espiritismo é vosso adiantamento, e é para alcançá-lo que é permitido aos Espíritos vos iniciar quanto à vida futura, vos oferecendo exemplos que podeis aproveitar. Quanto mais vos identificardes com o mundo que vos espera, menos lastimareis aquele em que estais agora. Esse é, em suma, o objetivo atual da revelação."
(2ª Parte - cap. XXVI, item 292-22º.)

O termo arquétipo se origina do grego e quer dizer "o que é impresso desde o início". Ainda na Antiguidade, passou a significar também as "formas imateriais" ou o "mundo das ideias", na concepção de Platão.

Carl Gustav Jung denomina de "arquétipos" as imagens primordiais, definindo-os como matrizes sem conteúdo próprio que servem para estruturar ou dirigir o material psicológico – elementos organizadores, modelos ou formas universais – profundamente gravado no inconsciente coletivo de toda criatura humana. O "arquétipo" pode ser exemplificado como uma espécie de canal seco escavado por um curso d'água, o qual, à medida que o leito comece a ser novamente banhado, organiza e modela inteiramente as características do rio. São condutores ou orientadores do comportamento e das atividades mentais.

Os "arquétipos" se firmam no inconsciente, só surgindo no consciente através de figuras, de representações ou de sonhos, como conteúdos arquetípicos. Manifestam-se como estruturas psíquicas universais, inatas (não aprendidas), com possibilidades de reproduzir ideias semelhantes nas criaturas humanas; por isso, aparecem coletivamente, de forma simbólica, na literatura, nas artes e nos mitos de todos os povos.

A expressão inconsciente coletivo, segundo o conceito junguiano, é uma herança psicológica, um tipo de memória da raça ou da espécie, onde se encontram conteúdos de estrutura psíquica, padrões universais ou arquétipos existentes na intimidade de todos os seres humanos.

Essas ideias de Jung muito se afinam com certas conceituações da Doutrina Espírita. Por exemplo: o Espírito, ao reencarnar, traz consigo valores, conhecimentos e experiências acumuladas através da noite dos tempos. Nasce equipado com um arcabouço psicológico – repertório de estruturas mentais em forma de vocações, tendências, sentimentos e ideias –, que, em contato com o meio ambiente da atual encarnação, se manifesta espontaneamente, sem que a criatura se aperceba, aparecendo até mesmo nas situações mais corriqueiras do seu mundo diário.

A noção espírita das "vidas sucessivas" considera que toda criança, no instante do nascimento, traz em si conteúdos psicológicos em potencial. O ambiente e as pessoas com quem e onde ela convive só podem aprimorá-la, não determinando integralmente seu jeito de ser, agir e pensar. Na criança apenas desperta o que já existia nela, ou seja, seus arquivos da alma, armazenados no corpo perispiritual. O Espírito encarnado veste uma roupagem – sua personalidade atual – e vivencia diversas personalidades, interpretadas no "teatro da vida", palco das múltiplas existências.

Não obstante encontrarmos uma ampla variedade de "arquétipos", classificados por Jung e sucessivamente por seus discípulos ou seguidores, analisaremos, aqui, o "arquétipo do herói", encontrado nos clássicos, nos dramas, nas poesias e nos livros sagrados das mais antigas culturas, em forma de lendas e de epopeias mitológicas. No entanto, é importante ressaltar que as características pessoais da personalidade humana apresentam alterações naturais e compreensíveis nas configurações dos "arquétipos", devido ao grau evolutivo ou ao padrão psicológico em que estagia.

Quem tem um "herói" dentro de si tem igualmente um outro lado, um "mártir". As pessoas em cuja existência predomina o "arquétipo do herói" vivem heroicamente estressadas. Caminham com a fronte projetada de forma imponente e o corpo (guerreiro) inclinado para frente como se estivessem sempre prontas para lutar. Exigem perfeição de si mesmas e daqueles que estão em sua volta. Não expressam sua verdadeira realidade, ou seja, não querem ser ou não querem viver como são – seres humanos. Inconscientemente, acreditam que são superhomens. Rejeitam o processo natural que nos impôs o Criador: viver a normalidade da natureza humana.

Em contrapartida, a recíproca é verdadeira. A criatura que vive de modo intenso numa estrutura mental de "herói" irá gerar, consequentemente, uma estrutura oposta – o culto à dor e ao martírio. Essas estruturas se interagem. Ora a personalidade está numa crise de "heróica bravura", ora na crise de "sofredora impotente".

Ao longo dos tempos, muitos de nós desenvolvemos a

crença de que nos privando das alegrias da vida, cultuando o sofrimento, não cuidando de nós mesmos, sendo austeros e mártires, desempenharíamos bem nossa missão terrena e, como resultado, estaríamos cumprindo nossa tarefa mediúnica.

Não à glória em sofrer por sofrer! Não existe nenhuma recompensa em cultuar a dor; na verdade, não estamos aqui para mostrar como temos sido padecentes, mas sim para aprendermos como cessar as amarguras que nos afligem, como crescermos espiritualmente, como superarmos nossos pontos fracos e como recuperarmo-nos dos equívocos, prosseguindo no cultivo do progresso interior, com tranquilidade e satisfação de viver.

"Não olvideis que o objetivo essencial, exclusivo, do Espiritismo é vosso adiantamento, e é para alcançá-lo que é permitido aos Espíritos vos iniciar quanto à vida futura (...)"

É importante observarmos que, segundo os Guias da Humanidade, a principal e específica finalidade da manifestação dos Espíritos é nosso adiantamento; em virtude disso, "ser médium" tem como ponto fundamental e indispensável a edificação do Reino dos Céus dentro de nós mesmos. Portanto, para ser médium não é necessário ser herói nem mártir, mas simplesmente cultivar o mundo interior – a melhoria pessoal. "(...) Esse é, em suma, o objetivo atual da revelação".

Os seres humanos são pluridimensionais, guardando no reino interior características comuns a todos, representadas pelos subprodutos do conjunto dos "arquétipos" presentes em sua estrutura psíquica.

Sensitivos ou não, todos temos matrizes ou imagens de heróis ou de mártires profundamente arraigadas em nossa intimidade. A mentalidade heróica é um mito elitista, que tem como princípio a personificação de que certas pessoas nasceram privilegiadas e para ser servidas.

Enquanto o "ideal martirizante" modela as pessoas para o sacrifício e para uma abnegação exagerada para agradar a Deus, visando a uma troca para adquirir a salvação eterna, o "papel de vítima" costuma ser usado, em muitas ocasiões, para dissimular uma grandeza inexistente na alma. Oculta igualmente uma máscara de resignação, para que o indivíduo não descubra ou não tome consciência do que ele realmente é.

Jesus Cristo, o Médium de Deus, entregou-se ao holocausto em prol da missão de amor pela humanidade, que para Ele foi a plenitude da implantação de uma vida consciente e amorosa em todas as criaturas da Terra. É compreensível que muitas almas sublimadas se entreguem a atos heróicos ou ao martírio de si mesmas, para a exemplificação e glorificação dos ideais superiores da Divina Providência. O Mestre, porém, não se deixou crucificar para ser reconhecido como herói ou mártir, mas para semear os princípios da "sabedoria que eleva" e do "amor incondicional" no coração de todas as criaturas.

Os médiuns devem exercitar a capacidade de distinguir entre o "sacrifício regenerador" e o "culto ao sofrimento" causado pela fraqueza e pela credulidade, filhas das crenças injustas e absurdas.

Na vida, cada ser está estagiando num determinado grau evolutivo; por isso existem diversas missões e inúmeros encargos nos caminhos existenciais.

Médiuns! Qual é o seu conceito sobre mediunidade? Vocês a veem como método educacional ou como uma exaltação à dor? Será que sua vivência atual (heroísmo ou martírio) é um produto necessário a seu desenvolvimento e crescimento espiritual, ou simplesmente fruto de uma autopunição ou de um auto-engano?

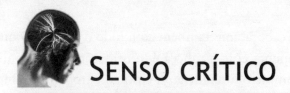

SENSO CRÍTICO

> *"Todo médium que deseja sinceramente não ser joguete da mentira, deve, pois, procurar trabalhar em reuniões sérias, e para elas levar o que obtém em particular; aceitar com reconhecimento, solicitar mesmo, o exame crítico das comunicações que recebe; se é alvo de Espíritos enganadores, é o meio mais seguro de se desembaraçar deles, provando-lhes que não podem fraudá-lo."*
> **(2ª Parte - cap. XXIX, item 329.)**

A palavra "senso" vem do latim *sensus* – faculdade de raciocinar. O sentido linguístico do termo "crítico" tem origem no grego *kritikós* – a arte de avaliar ou apreciar.

Na mediunidade, como em tudo na existência, é de vital importância usar o "senso crítico". Utilizar o senso comum nas manifestações que recebe é edificante, mas, acima de tudo, é preciso lançar mão do próprio discernimento. Ninguém vê o mundo da mesma maneira; por isso, todos temos que avaliar ou apreciar a vida, fundamentados na particularidade de nossas experiências pessoais.

Não devemos confundir informação com discernimento. Adquire-se este submetendo a informação ao julgamento do nosso "universo interior". O indivíduo não aprende somente com a cabeça, mas também com todo o seu ser. O que se assimila apenas com a cabeça é informação. Quando digerimos por completo uma ideia ou ensinamento, empregando todos os nossos sentidos (tanto os físicos como o espiritual), isso aumentará nossa consciência e, consequentemente, ampliará nosso discernimento.

Quanto mais valorizarmos nossa força interior, mais nos sentiremos estimulados a usá-la. Quanto mais exercitarmos o nosso senso íntimo, mais claro e eficiente ele se tornará, pois nos dará uma lucidez cada vez maior em relação a tudo e a todos.

À medida que vamos nos familiarizando com a "voz da consciência" e nos acostumando a agir de acordo com seus ensinamentos, passamos a gozar de segurança e de bom senso nas mensagens que registramos ou nas atitudes que tomamos. Os grandes personagens da História, por mais que quisessem que seu intelecto indagador ficasse silencioso, mais se sentiam compelidos às investigações das coisas, ou mesmo, às buscas existenciais, distanciando-se, dessa forma, dos indivíduos comuns de entusiasmo fácil. Os gênios, pelos seus naturais questionamentos, foram muitas vezes transportados a uma vida de solidão. Portanto, eles aprenderam a conviver consigo mesmos, adquirindo, assim, a ciência da autolibertação. Ao crescerem espiritualmente, passaram a ter condições de auxiliar os outros.

Se um indivíduo tomar contato com o conhecimento espírita, adaptando seu modo de sentir e pensar a um comportamento acomodado às expectativas de rotina, estereotipando seu raciocínio e reflexões, perderá seu "senso crítico". No entanto, quando esse mesmo indivíduo padronizado adquirir o verdadeiro discernimento dos ensinos dos Espíritos, ele passará a relacionar-se com a essência das coisas, e não unicamente com a forma. Mesmo porque a verdade é nova quase todos os dias, o que levou o codificador a dizer: "O Espiritismo, marchando com o progresso, jamais será ultrapassado porque, se novas descobertas demonstrassem estar em erro sobre um certo ponto, ele se modificaria sobre esse ponto; se uma nova verdade se revelar, ele a aceitará". [1]

Dizer simplesmente o que é correto ou incorreto revela muitas vezes apenas um conhecimento subjetivo, pessoal. A criatura, nessas condições, reproduz somente aquilo que leu na generalidade ou escutou de alguém. Neste caso, é denominada pessoa-clichê. Porém, se ela conseguir explicar ou fundamentar seu parecer sobre o fato ou a mensagem, avaliando-a singularmente como algo único ou distinto; utilizando sua faculdade de raciocinar com objetividade, ponderações ou razões sensatas, aí, sim, estará empregando seu "senso crítico".

Embora almejemos que os indivíduos alcancem o discernimento e empreguem o bom senso, quantas vezes, dentro do próprio lar, negamos às crianças o direito de gostar ou não de determinada coisa? Em casa e nas escolas, tentamos "melhorar" suas preferências, alterando-lhes as escolhas ou decisões, esquecidos de que todos nós nascemos com o direito de desenvolver nosso senso de análise. Nossa avaliação só será aperfeiçoada quando exposta a novas experiências, que por sua vez serão inúteis se nos for retirado o direito natural de dizer "sim" e "não". Cada um de nós é um projeto da Natureza, que nos torna seres originais. Nossa alma tem sua própria história de vida.

Devemos manter a prerrogativa de pensar por nós mesmos e não nos transformar em estatísticas. O ensino espírita exige, antes de tudo, entendimento e atenção, raciocínio e critério.

Coração e mente, sintonizados, assemelham-se ao pêndulo

de uma balança. O meio-termo confere discernimento e "senso crítico". O estudo da obra de Allan Kardec oferece cobertura completa para mantermos a mente sã e salva do fanatismo, que aparece fatalmente nas interpretações particularistas e nas análises intransigentes. O fanático é irmão do falso zelo, filho da intolerância e da perseguição. Quando ele ultrapassa os limites do equilíbrio, perverte a razão e obscurece a consciência, justificando ser exigência da religião.

"Foi ele quem nos tornou aptos para sermos ministros de uma Aliança nova, não da letra, e sim do Espírito, pois a letra mata, mas o Espírito comunica a vida." [2]

O Espírito comunica a vida significa que aprender a discernir não é uma simples questão de obter informações, mas de relacioná-las com novas informações e conquistas filosóficas e científicas, integrando-as com bom senso. A letra mata – a forma pode ser percebida de maneira confusa. É passível de engano ou ilusão, pois está ligada à aparência e à feição exterior. A essência é a ideia central, o âmago de um ser, de um conceito ou de um acontecimento.

"Todo médium que deseja sinceramente não ser joguete da mentira, deve, pois, procurar trabalhar em reuniões sérias, e para elas levar o que obtém em particular; aceitar com reconhecimento, solicitar mesmo, o exame crítico das comunicações que recebe (...)"

Em realidade, o sensitivo somente encontra seu ponto de equilíbrio, seu "senso crítico", quando valoriza e desenvolve sua força interior. Quanto mais ele se conscientizar de suas emoções e sentimentos e perceber seu mundo íntimo, mais ideias novas irão nascer, mais pessoas que conhecem os fenômenos mediúnicos virão trazer-lhe importantes esclarecimentos e informações, mais livros de orientação espiritual chegarão de maneira inesperada em suas mãos. Enfim, tudo cooperará para que se defenda dos "Espíritos enganadores" ligados ou não na matéria densa.

---

[1] "A Genêse" - Cap. I, item 55.
[2] II Coríntios, 3:6.

O SER
TRANSLÚCIDO

"(...) comparemos os médiuns a esses frascos de líquidos coloridos e transparentes que se veem na vitrine de laboratórios farmacêuticos; pois bem, nós somos como as luzes que clareiam certos pontos de vista morais, filosóficos e internos, através de médiuns azuis, verdes ou vermelhos, de tal sorte que nossos raios luminosos, obrigados a passarem através de vidros mais ou menos bem talhados, mais ou menos transparentes, quer dizer, por médiuns mais ou menos inteligentes, não chegam sobre os objetos que desejamos iluminar, senão tomando a tinta, ou melhor, a forma própria e particular desses médiuns".
(2ª Parte - cap. XIX, item 225.)

Qualquer indivíduo que edifique seus relacionamentos sobre alicerces não assentados na honestidade estará construindo em terreno arenoso. Suas relações – sociais, afetivas, familiares, profissionais, ou mesmo extra-sensoriais – não resistirão à "fragilidade do solo" e às "intempéries do tempo", se não utilizar de clareza e franqueza consigo mesmo e com os outros.

Honestidade será sempre a melhor política em todas as situações da vida. Abandonar o "palco da vida" liberando-se das máscaras requer esforço e coragem.

Confúcio, o mais célebre filósofo chinês, disse: "Vencer-se a si mesmo, controlar suas paixões, devolver a seu coração a honestidade que ele herdou da Natureza, eis a virtude perfeita. Que vossos olhos, vossos ouvidos, vossa língua, tudo em vós seja mantido nas regras da honestidade".

O mecanismo psicológico de rejeitar atitudes, impulsos ou sentimentos e culpar os outros, de forma que a autocondenação se torne uma acusação a outra pessoa, denomina-se "projeção". Podemos dizer que o indivíduo tenta apaziguar seu suposto "inimigo interior", projetando-o no mundo exterior.

Atribuímos aos outros a responsabilidade por situações desagradáveis e afirmamos que são eles que sentem ou fazem aquilo do qual nos incriminam.

Na infância, esse disfarce psicológico se verifica claramente quando a criança não gosta de alguém, afirmando que essa pessoa a provoca ou hostiliza. No colégio, quando não consegue boas notas, diz-se tratada injustamente pelos professores, ou mesmo, no surgimento de uma desavença ou discussão, sempre aponta como agressora uma outra criança.

Quando as criaturas usam esse mecanismo de maneira indiscriminada, elas perpetuam a ignorância de si mesmas, ou seja, ficam inabilitadas para reconhecer a causa dos fatos e acontecimentos que ocorrem em sua vida.

Negar os próprios sentimentos e emoções indica auto-desonestidade. Ser honestos com nós mesmos implicará, por consequência, uma postura interior que dificilmente nos levará a ser falsos com os outros.

Relacionamentos obscuros e mal definidos nos causam fadiga, medo e diversas doenças. Especialistas da medicina psicossomática dizem que, por não querermos admitir nossos sentimentos, deterioramos certas estruturas íntimas, o que nos desorganiza emocional e psicologicamente.

Sentir casualmente ciúme, medo, raiva, insegurança, desejos sexuais, não faz de nós indivíduos melhores ou piores. O que moralmente nos afeta é o que vamos fazer ou não fazer com esses mesmos sentimentos ou emoções. Revelá-los não significa que iremos nos tornar indivíduos instintivos, brutos, libertinos ou malcriados, mas, sim, que somos honestos com nós mesmos e sinceros com os outros. Nossa cruz tem a carga proporcional à ocultação daquilo que atrelamos a ela.

Uma coisa é sentir, outra executar; ainda mais absurdo é projetar nossas falhas nos outros, como se nada tivéssemos a ver com elas. Na parábola contada por Jesus[1], o fariseu projetou a própria sombra no publicano: isso lhe dava um grande bem-estar e lhe trazia, sob muitos aspectos, uma sensação de supremacia.

Precisamos adquirir o hábito sadio de averiguar como se processa em nossa intimidade a forma de perceber, sentir, justificar e argumentar diante da vida. É importante saber o porquê de nossas decisões, ações e reações.

Os sentimentos e pensamentos tem odores distintos. Cada criatura possui cheiro característico, que pode ser identificado, pois é estritamente individual. Não só os sensitivos, mas qualquer um pode distinguir os aromas das auras. Elas emitem vibrações odoríficas, que se desprendem da postura íntima das criaturas.

Nosso sistema nervoso nos dá uma sensibilidade generalizada do cosmo físico e do perispiritual. Nosso olfato se manifesta através de um complexo de estruturas nervosas – células olfatórias –, o qual nos oferece a capacidade de registrar os odores, não apenas os físicos mas igualmente os astrais, todos emanados das energias que nos rodeiam.

A atmosfera astral da pessoa íntegra e honesta causa um impacto doce, agradável e perfumado, já que é composta de fragrâncias florais e adocicadas, com efeitos salutares e revigorantes. Enquanto que a das criaturas envolvidas em fluidos pesados exala cheiros de natureza acre, repelentes e insuportáveis.

Interessante notar que é muito comum as pessoas sentirem odores malcheirosos de decomposição – de flores ressequidas, substâncias alcoólicas ou tabaco – em ambientes onde existem entidades de baixo teor vibratório.

"Andai em amor, assim como Cristo também nos amou e se entregou por nós a Deus, como oferta e sacrifício de odor suave." [2]

Amor é o mais honesto e digno dos sentimentos. O "odor suave" que se desprende da alma de um ser atesta seu grau de espiritualidade ou a grandiosidade de seu amor. Importante observar que amor e espiritualidade têm características harmônicas e indissociáveis.

"(...) nós somos como as luzes que clareiam certos pontos de vista morais, filosóficos e internos, através de médiuns azuis, verdes ou vermelhos (...)"

Sendo o sensitivo intérprete dos mensageiros espirituais, é compreensível que a palavra articulada ou escrita contenha algo deles: "(...) nossos raios luminosos, obrigados a passarem através de vidros mais ou menos bem talhados, mais ou menos transparentes, quer dizer, por médiuns mais ou menos inteligentes, não chegam sobre os objetos que desejamos iluminar, senão tomando a tinta, ou melhor, a forma própria e particular desses médiuns."

Porém, o medianeiro que se "autodesconhece" encontrará muito mais dificuldades para diferenciar o que faz parte de seu mundo interior do que pertence realmente aos espíritos comunicantes. Pode alterar de forma significativa o ponto de vista do Espírito, adulterando profundamente seus conceitos, modificando o teor de suas palavras e distorcendo sua informação.

"O ser translúcido" é aquele que adquiriu a qualidade de deixar passar a luz espiritual de forma nítida, sem permitir que obstáculos maiores prejudiquem a autenticidade das manifestações transcendentais. Ele reconhece perfeitamente os próprios sentimentos e emoções.

Por se conhecer relativamente bem, não transfere o "lado desconhecido" de sua personalidade para coisas, situações ou pessoas que vivem fora ou dentro da matéria densa.

---

[1] Lucas, 18:9 a 14.
[2] Efésios, 5:2.

Mediunidade e
AUTOCONHECIMENTO

"Para julgar os Espíritos, como para julgar os homens, é necessário antes julgar-se a si mesmo. Há infelizmente muita gente que toma a sua própria opinião por medida exclusiva do bem e do mal, do verdadeiro e do falso. Tudo o que contradiz a sua maneira de ver, as suas ideias, o sistema que inventaram ou adotaram é mau aos seus olhos."
(2ª Parte - cap. XXIV, item 267-26º.)

O caminho do autoconhecimento nos leva a uma compreensão profunda do comportamento pessoal – às suas origens, às suas consequências, a um processo para percebê-lo, cada vez mais, e a uma forma mais adequada de transformá-lo. Os Espíritos Superiores têm por missão nos ajudar a compreender o que realmente somos e o que realmente sentimos. Estão sempre nos incentivando a parar de simular a criatura idealizada que imaginamos ser, para que possamos descobrir dentro de nós os sentimentos e atitudes desagradáveis que nos causam tantos transtornos e desarmonia.

Como podemos julgar os outros se somos as pessoas que menos nos conhecemos? Nossa consciência, restrita ao nosso grau evolutivo, tanto abriga a criança indefesa como o adulto competente, os caprichos mesquinhos como os anseios sublimes.

Se não sabemos de fato quem somos, combatemos e criticamos situações e personagens fictícias. Escolhemos acontecimentos e criaturas substitutas, ligadas ou não na matéria densa, para reprovar e julgar inadvertidamente.

Nossas emoções desconhecidas ou não admitidas podem fugir do nosso controle, de modo imperceptível, e ser lançadas sobre indivíduos inocentes, ou ligadas a falsos argumentos.

O autoconhecimento dá à criatura sabedoria suficiente para que saiba julgar a si própria – pré-requisito para poder entender os outros. Por isso, Kardec, o sistematizador dos ensinos espíritas, assevera: "Há infelizmente muita gente que toma a sua própria opinião por medida exclusiva do bem e do mal, do verdadeiro e do falso. Tudo o que contradiz a sua maneira de ver, as suas ideias, o sistema que inventaram ou adotaram é mau aos seus olhos".

Existem pessoas que fecham por completo a mente à realidade. Outras, bloqueiam parte dela, reduzindo-a ao tamanho que julgam poder controlar.

O autoconhecimento é gradativo e deve ser exercitado ao longo de toda a nossa existência. Muitas vezes, torna-se um processo doloroso. Outras, é uma estrada repleta de paz e alegria. Mas, de qualquer forma, ele é indispensável para que se efetive a evolução espiritual.

Em geral, conhecer a si mesmo significa reconhecer e aceitar que há em nós os dois lados de todas as coisas. Somos capazes de ter medo e valentia, de sentir raiva e ternura, de ser generosos e egoístas, frágeis e fortes. Uma das grandes bênçãos do autoconhecimento é seu poder de transformar, no longo prazo, nossa vulnerabilidade em pontos fortes, ou seja, nosso temor transforma-se em coragem, nosso sofrimento num caminho para a integridade.

É óbvio que, para julgar as comunicações dos Espíritos, é necessário conhecer a Doutrina Espírita. Só ela é a luz eficiente para clarear a razão e o sentimento, quando a criatura está rodeada de equívocos. Mas, é preciso aliar ao conhecimento espiritual a clareza de pensamento. Muitos de nós mantemos nossa vida íntima anuviada na ignorância de nós mesmos. Clareza de pensamento é a principal ferramenta para uma boa avaliação. Ela nos proporciona o material necessário para lidarmos com a realidade.

Ao descobrirmos as raízes que sustentam nossos atos e atitudes, ou ao tomarmos contato com certos aspectos psicológicos que não havíamos percebido em nós mesmos, seremos conduzidos à fonte de nossa sanidade espiritual.

Nossas ideias sobre o que é ser uma boa pessoa podem estar ligadas a preconceitos e distorções. Às vezes, não é tanto a aprovação dos outros que buscamos, e sim a de uma escola de pensamento ou de uma facção religiosa, o que, em verdade, determina que parte de nós deve ser conservada e que parte deve ser negada.

Gastamos muita energia no processo de dissimular nossos sentimentos e emoções, escondendo-os de nós mesmos e dos outros. Transformamo-nos rapidamente em "alguém agradável", acreditando que iremos receber elogios e admiração das pessoas que nos cercam.

As religiões inflexíveis frequentemente reforçam a culpa e o medo que carregamos e, por meio de ameaças, nos induzem a esconder nosso "lado inadequado". Outras, na atualidade, nos pedem que desconsideremos os nossos equívocos, que seriam passageiros, e aspectos temporários de nossa intimidade.

Não podemos esconder nem desconsiderar nosso mundo

íntimo, tentando fugir da realidade. Antes de tudo, devemos aprender a julgar a nós mesmos, avaliando e percebendo com lucidez a vida fora e dentro de nós.

Em verdade, o autoconhecimento e o autojulgamento andam de mãos dadas. Um está conectado com o outro. Não podemos tocar numa unidade interior sem afetarmos o conjunto psicológico. Quando valorizamos em demasia o mundo exterior, não ouvimos nosso mundo interior.

Recordemos esta passagem de Paulo ao escrever à igreja da Galácia: "Se alguém pensa ser alguma coisa, não sendo nada, engana a si mesmo. Cada um examine a sua própria conduta, e então terá o que se gloriar por si só e não por referência ao outro".[1]

Se desejamos julgar com exatidão e justeza, emancipemos a alma dos grilhões escuros do "ego", começando assim a adquirir a ciência do autoconhecimento, a fim de apreciar o mérito, determinar o valor e estimar a importância de tudo aquilo que nos chega às mãos.

---

[1] Gálatas, 6:3.

O PAPEL DA IMAGEM

"Os médiuns interesseiros não são unicamente aqueles que poderiam exigir uma retribuição fixa; o interesse não se traduz sempre pela esperança de um ganho material, mas também pela intenção ambiciosa de toda natureza sobre as quais se podem apoiar esperanças pessoais (...)"
(2ª Parte - cap. XXVIII, item 306.)

O duque de La Rochefoucauld, autor de célebres máximas, dizia que "o interesse é uma homenagem que o vício presta à virtude". Realmente, o indivíduo interesseiro é como uma faca dourada: de um lado, desonestidade perspicaz; de outro, engenhosa dissimulação.

As crianças trazem em sua bagagem espiritual seculares experiências. Apresentam tendências inatas e potencialidades adormecidas. Sejam quais forem os obstáculos que se apresentem em seu desenvolvimento, elas possuem dentro de si a força de progredir, isto é, uma determinação inabalável – carregam em sua intimidade a lei do progresso.

Para as crianças, a aprendizagem não é um processo inteiramente novo; é, na verdade, um rememorar, pois elas são velhos filhos de Deus. As almas precisam reaprender certas lições não aproveitadas corretamente, realizar novos saltos de aquisição e completar fases de assimilação de conhecimentos, com vistas a ampliar sua forma de interpretar o mundo. Somos todos aprendizes no "laboratório da vida".

São as crianças extremamente maleáveis, suscetíveis às influências externas, e absorvem estímulos no ambiente social e doméstico, aperfeiçoando suas habilidades naturais.

Estão sempre repletas de perguntas e de questões a serem resolvidas, e as respostas e informações que recebem na infância ficam gravadas e depois são incorporadas e transformadas em novas informações.

A postura e o sistema de valores dos pais são traduzidos, por elas, através de expressões fisionômicas e do respectivo comportamento, da entonação de voz, de suas reações diante da realização ou da frustração e das normas que adotaram para viver.

A personalidade atual de uma criança é moldada ao influxo do meio familiar – os pais, considerados fatores primordiais; a seguir, os irmãos, tios, avós, demais parentes e empregados; e também sob a orientação inconsciente de suas características individuais ou vocações instintivas – fruto de suas vidas passadas. Portanto, o convívio familiar e o ambiente extrafamiliar conferem a elas a matriz de seus atos e atitudes psicoemocionais do futuro.

Desde cedo, muitos filhos encontram no lar dificuldades e comportamentos inadequados dos adultos, tendo que conviver com a rejeição de pais competitivos, interesseiros, vaidosos, excessivamente críticos, sempre superpreocupados com a aparência e a ostentação.

Nas relações dinâmicas entre pais e filhos, encontramos adultos que educam utilizando uma imagem de superioridade e infalibilidade. Transmitem esse comportamento por meio de atitudes inconscientes e automáticas, denominadas de "educação não intencional". Mais que suas palavras, seu exemplo vai contagiar a criança em formação, estabelecendo-lhe as primeiras metas e o entendimento sobre a vida.

Esses pais vivem e produzem para ser admirados, aplaudidos e respeitados na sociedade à qual pertencem. Modelam os filhos, cultivando a ilusão de que o valor pessoal destes se encontra no que possuem ou no sucesso que alcançarem. Para esses adultos, criticar o desempenho das crianças equivale a rejeitar sua própria pessoa, pois a identidade deles está completamente submissa ao status ou representação social da família. Muitos são os pais que vivem os êxitos e as derrotas dos filhos como triunfos e fracassos próprios.

Para eles, o "papel da imagem" é fundamental, pois negam seu interior em favor da aparência. Podemos descrevê-los como alguém cuja atitude é "sempre eu".

Indivíduos que receberam esse tipo de educação na infância podem vir a ser, no futuro, médiuns que visam apenas à exaltação de seus desejos e interesses pessoais; quer dizer, anseiam pela admiração, popularidade, aclamação, cultivam o "prazer da notoriedade". Aliás, "(...) o interesse não se traduz sempre pela esperança de um ganho material, mas também pela intenção ambiciosa de toda natureza sobre as quais se podem apoiar esperanças pessoais (...)". Na verdade, esses indivíduos podem ter passado a infância em posição social privilegiada, mas podem também ter vivido num ambiente de carências e dificuldades diversas, inclusive de ordem financeira.

Médiuns interesseiros são pessoas que gostam de estar no centro das atenções, exibem uma abnegação dissimulada e se utilizam das palavras e do conhecimento como armas diante da meta a ser atingida – o destaque. Apresentam-se com requinte e são tão sutis na arte de representar que podem exercer uma admiração irresistível nos que os cercam. Têm ideias definidas sobre o que os outros devem ou não fazer, devem ou não dizer. Às vezes, elogiam discretamente os outros médiuns, mas quem sempre se entroniza no pedestal são eles.

Embora não manifestem a ambição de lucro material, anseiam pela fama e liderança. Não medem esforços para atingir ou conservar o brilho de criaturas impecáveis e superiores, promovendo façanhas e evidenciando suas obras e eventos.

A base do sistema ilusório desses médiuns é o "auto-engrandecimento", adquirido na infância (da vida atual ou das passadas), através de pais "que precisavam de elogios e de estima", pois não acreditavam em seus valores internos. Na órbita do psiquismo desses médiuns gravita a necessidade compulsiva de criar uma boa imagem.

Os interesseiros não devem ser tachados de criaturas inferiorizadas ou com "defeitos de caráter"; apenas estão vivenciando uma fase progressiva de acordo com sua idade astral. Cada ciclo evolutivo tem características próprias, e todos nós, gradativamente, somos levados a um "amadurecimento psicológico" e despertados, de forma constante, para novos níveis de consciência.

A chave de renovação para esse comportamento infeliz é aprender a confiar em si mesmo e valorizar-se e, por consequência, confiar no potencial dos outros e valorizá-lo. Assim, não mais precisam ocupar o centro do palco e reivindicar todos os elogios e créditos do sucesso.

O sistema ilusório se perpetua enquanto se procura uma

desesperada realização numa auto-imagem bem-sucedida; ele, porém, desfaz-se quando, na busca do verdadeiro significado da vida, a realização é tranquilamente interiorizada.

A partir dessa atitude, apaga-se o "interesse de ser" o que os outros veem, apreciam e avaliam, e passamos a nos modelar em torno do "ser real", sobre o qual se apoia nosso "senso de valor" de imortais filhos de Deus.

A IMPORTÂNCIA
DAS INTENÇÕES

> *" (...) Ora, não credes que basta pronunciar algumas palavras para afastar os maus Espíritos; guardai-vos, sobretudo, de vos servirdes de uma dessas fórmulas banais, que se recita para desencargo de consciência; sua eficácia está na sinceridade do sentimento que a dita; está, sobretudo, na unanimidade da intenção (...)"*
> **(2ª Parte - cap. XXXI, dissertação nº XVI.)**

Abu Hamid Mohamed al-Ghazali, filósofo e teólogo muçulmano, nascido na Pérsia no século XI, escreveu: "Presta atenção, filho meu, e medita sobre as minhas palavras. Se soubesses que hoje viria visitar-te o soberano, que farias? Certamente te dedicarias ao requinte e à elegância, a fim de receberes com dignidade sua augusta presença. Usarias teu melhor vestuário, reorganizarias teus mais preciosos mobiliários, para que o soberano tudo observasse. Neste momento, ouve-me, meu filho, pois te considero suficientemente inteligente para interpretar minhas palavras: Deus não olha para os teus atos nem para a tua imagem externa. Deus apenas observa o teu coração e as tuas intenções".

Somos vistos pela Divina Providência pelos "olhos do amor" e avaliados conforme nossas características distintivas, ou seja, nossa singularidade. O presente não é, simplesmente, uma cópia carbonada de fatos passados, e sim uma doação de novos aspectos a serem por nós incorporados. Cada dia nos concede uma visão ampliada da realidade. Somos, portanto, expressões individualizadas da Infinita Sabedoria. Ninguém é hoje a criatura que foi ontem.

O Poder da Vida, para julgar-nos, avalia o "nível de consciência" em que estamos estagiando no momento. Analisa a síntese das mensagens ou experiências que acumulamos através das diversas etapas evolutivas por onde transitamos em nossa jornada de almas imortais em busca de crescimento.

O grau de intencionalidade é um fator imprescindível na medição do nosso merecimento, principalmente em se tratando de auxílio ou socorro espiritual. Não podemos falar de forma efetiva em eficácia da prece, sem levarmos em conta a sinceridade e a intenção com que envolvemos nossos atos e atitudes.

A Vida Providencial é sábia e justa e age em cada criatura de maneira dessemelhante, levando em conta sua individualidade. O agravamento das faltas ou dos erros é sempre proporcional ao conhecimento que se possui. Tanto é verdade que levou Paulo de Tarso a endereçar uma carta a Timóteo, na qual afirma: "(...) nosso Senhor, que me julgou fiel, tomando-me para o seu serviço, a mim que outrora era blasfemo, perseguidor e insolente. Mas obtive misericórdia, porque agi por ignorância, na incredulidade (...)". [1]

Como posso orar a Deus? De que maneira devo colocar-me diante do Senhor rogando proteção? Descartando "(...) fórmulas banais, que se recita para desencargo de consciência (...)", pois a eficácia da prece "(...) está na sinceridade do sentimento que a dita; está, sobretudo, na unanimidade da intenção (...)".

Ora, a "sinceridade do sentimento" e a "unanimidade da intenção" têm tudo a ver com o grau de "maturidade da alma" ou de seu "estágio evolutivo".

O amparo divino advém de nossa integridade. De nossa sinceridade ou honestidade para com nós mesmos. Da percepção de nossas intenções.

Em várias ocasiões, abrimos mão de nossa integridade, por diversos motivos. Na realidade, ser íntegro é viver a inteireza do Espírito, sem falsidade ou vergonha, jamais querendo mostrar aos outros algo que não somos. Nosso jeito de ser, muitas vezes, não condizia com os pontos de vista ou com os valores comuns de nossa família ou da sociedade a qual pertencíamos. Muitos de nós, durante grande parte da vida, podemos ter ocultado tudo aquilo que denominamos "nossos defeitos".

Fizemos um julgamento precipitado sobre nós mesmos, sufocando nossa força vital, nossa sinceridade e naturalidade.

Mas, com o transcorrer dos anos, esses autojulgamentos inadequados podem ser corrigidos. Uma das graças que o tempo nos proporciona é a descoberta de que muitas das coisas que antes acreditávamos ser nossos pontos frágeis oportunamente se transformaram em pontos fortes, e outras tantas coisas que guardávamos como sendo valiosas acabaram por revelar-se pontos fracos. Sentimentos que durante anos não aceitávamos em nós hoje são esteio e amparo para o nosso futuro. Se formos francos e honestos com nós mesmos, conseguiremos exalar uma "aura de integridade", pois o crescimento espiritual acontece quando reconhecemos nossa realidade e os valores só nossos. "Quem vive de modo íntegro será salvo, mas quem se entorta em dois caminhos, num deles cairá".[2]

Devemos ser fiéis ao que é importante para nós e sempre nos lembrar de como é ser inteiro. Como é sentir e chorar, tomar iniciativa e ter opinião própria. Não devemos deixar ninguém abalar nossas convicções, como também não tentar convencer outras pessoas a aceitarem nossos valores. O correto é respeitarmos a nossa realidade, bem como a dos outros; assim viveremos na paz que a integridade proporciona.

Amadurecer na generalidade pode significar reconhecer ou aceitar que todos nós temos os dois lados de todas as coisas. Temos atitudes de medo e coragem, de raiva e determinação, de egoísmo e generosidade, de fragilidade e consistência. Todas essas atitudes não se anulam mutuamente ou por si mesmas. Na verdade, elas nos exercitam a alcançar equilíbrio e respostas diante das dificuldades de nossa vida, dentro e fora de nós mesmos. Às vezes, a vulnerabilidade é o nosso poder: nossa raiva transforma-se em determinação e nosso estado depressivo pode ser o caminho para o reencontro com nossa integridade. Talvez esse modo de ver tenha levado Paulo de Tarso a dizer: "(...) Por conseguinte, com todo ânimo prefiro gloriar-me das minhas fraquezas, para que pouse sobre mim a força do Cristo. (...) Pois quando sou fraco, então é que eu sou forte".[3]

"(...) Ora, não credes que basta pronunciar algumas palavras para afastar os maus Espíritos (...)". O que atrairá vibrações positivas ou uma "aura de defesa" para todos nós será a sinceridade de nossas intenções.

A Misericórdia Divina jamais nega proteção a suas criaturas, mas esse amparo é sempre equivalente à expansão de nossa consciência, quer dizer, corresponde à nossa capacidade de discernir, avaliar e entender as leis naturais, dentro e fora de nós.

---

[1] I Timóteo, 1:12 e 13.
[2] Provérbios, 28:18.
[3] II Coríntios, 12:9 e 10.

Índice dos assuntos de "O Livro dos Médiuns"

		Item [2]	Pág. [3]
Segunda Parte (Das manifestações espíritas)			
Capítulo [1]			
I	**Ação dos Espíritos sobre a matéria**	56	49
VI	**Manifestações visuais**		
	Ensaio teórico sobre as aparições	101	71
	Teoria da alucinação	113	77
XIV	**Dos médiuns**	159	17
	Médiuns videntes	171	169
XV	**Médiuns escreventes ou psicógrafos**		
	Médiuns intuitivos	180	97
	Médiuns inspirados	182	55
XVI	**Médiuns especiais**		
	Aptidões especiais dos médiuns	185	93
		186	107
	Variedades de médiuns escreventes		
	Médiuns imperfeitos		
	– Médiuns suscetíveis	196	175
	– Médiuns invejosos	196	39
XVII	**Formação dos médiuns**		
	Desenvolvimento da mediunidade	216	137
XVIII	**Inconvenientes e perigos da mediunidade**	221-1º	117
XIX	**Papel do médium nas comunicações espíritas**	223-6º	27
		225	131
		225	191

Capítulo [1]		Item [2]	Pág.[3]
XX	Influência moral do médium	226-1º	61
		226-9º	143
		228	23
		228	65
		230	153
XXI	Influência do meio	232	163
XXIII	Da obsessão	240	43
		250	81
		253	113
XXIV	Identidade dos Espíritos		
	Distinção dos bons e dos maus Espíritos	267- 9º	103
		267-10º	159
		267-26º	197
		268-28º	123
XXVI	Perguntas que se podem dirigir aos Espíritos		
	Perguntas sobre a sorte dos Espíritos	292-22º	179
XXVII	Das contradições e das mistificações		
	Das contradições	301-1º	147
XXVIII	Charlatanismo e prestidigitação		
	Médiuns interesseiros	306	201
XXIX	Reuniões e sociedades espíritas		
	Das reuniões em geral	329	87
		329	185
		331	33
XXXI	Dissertações espíritas		
	Sobre as sociedades espíritas	XVI	207

Notas
1 e 2- Capítulo e item de "**O Livro dos Médiuns**".
3 - Página desta obra (A imensidão dos sentidos)

RENOVANDO ATITUDES

Francisco do Espirito Santo Neto
ditado por Hammed

Filosófico
Formato: 14x21cm
Páginas: 248

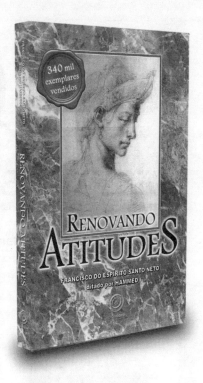

Elaborado a partir do estudo e análise de 'O Evangelho Segundo o Espiritismo', o autor espiritual Hammed afirma que somente podemos nos transformar até onde conseguirmos nos perceber. Ensina-nos como ampliar a consciência, sobretudo através da análise das emoções e sentimentos, incentivando-nos a modificar os nossos comportamentos inadequados e a assumir a responsabilidade pela nossa própria vida.

 www.boanova.net

 www.facebook.com/boanovaed

 www.instagram.com/boanovaed

 www.youtube.com/boanovaeditora

Entre em contato com nossos consultores e confira as condições.
Catanduva-SP 17 3531.4444 | boanova@boanova.net

ESTAMOS PRONTOS
Reflexões sobre o desenvolvimento do espírito através dos tempos

Francisco do Espírito Santo Neto ditado por **Hammed**

Mais uma vez Hammed apresenta um estudo esclarecedor e franco sobre as raízes da conduta humana. Diz o autor espiritual: "A moralidade nos vem naturalmente. É um equívoco acreditar que o código de valores morais do homem surgiu do nada, ou que é fruto apenas de heranças culturais, legados de antigas crenças, costumes ancestrais, tradições religiosas e filosóficas, ou mesmo de relatos mitológicos orientais e ocidentais. Foi a Natureza que criou as bases para a vida em sociedade exatamente como a conhecemos, e não o homem. O ser humano só aprimorou algo que já constava em germe em seu foro íntimo."
Nesse estudo, a busca de nossa ancestralidade sob a ótica do Espiritismo e de recentes pesquisas científicas atesta o porquê de muitos de nossos comportamentos da atualidade.

Filosófico | 14x21 cm | 240 páginas
ISBN: 978-85-99772-87-4

Boa Nova Catanduva-SP | (17) 3531.4444 | boanova@boanova.net

A BUSCA DO MELHOR

Francisco do Espirito Santo Neto
ditado por Hammed

Filosófico
Formato: 14x21cm
Páginas: 176

Sócrates afirmava que "ninguém que saiba ou acredite que haja coisas melhores do que as que faz, ou que estão a seu alcance, continua a fazê-las quando conhece a possibilidade de outras melhores". Ser protagonista da própria vida não significa jamais se equivocar; significa, sim, refazer caminhos, reconhecer falhas e erros, e deixar de ser prisioneiro das próprias atitudes.

Neste livro de Hammed, você vai descobrir as ferramentas necessárias para conduzir sua história de vida e fazer da existência uma grande oportunidade de aperfeiçoamento.

 www.boanova.net

 www.facebook.com/boanovaed

 www.instagram.com/boanovaed

 www.youtube.com/boanovaeditora

Entre em contato com nossos consultores e confira as condições.
Catanduva-SP 17 3531.4444 | boanova@boanova.net

Levamos o livro espírita cada vez mais longe!

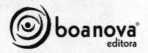

📍 Av. Porto Ferreira, 1031 | Parque Iracema
CEP 15809-020 | Catanduva-SP

🌐 www.**boanova**.net

✉ boanova@boanova.net

📞 17 3531.4444

🟢 17 99257.5523

Siga-nos em nossas redes sociais.

@boanovaed   boanovaeditora

CURTA, COMENTE, COMPARTILHE E SALVE.
utilize #boanovaeditora

Acesse nossa loja

Fale pelo whatsapp